동양books

NEW 후다닥 여행독일어
GERMANY *Speed Speaking*

초판 1쇄 인쇄 | 2008년 7월 10일
초판 3쇄 발행 | 2015년 2월 10일

지은이 | Mirja Maletzki
발행인 | 김태웅
총　괄 | 권혁주
편집장 | 조희준
편　집 | 김현아
디자인 | 차경숙
마케팅 | 서재욱, 정유진, 김귀찬, 왕성석
온라인 마케팅 | 김철영
제　작 | 현대순
총　무 | 한경숙, 안서현, 강정희
관　리 | 김훈희, 이국희, 김승훈, 최국호

발행처 | 동양북스
등　록 | 제10-806호(1993년 4월 3일)
주　소 | 서울시 마포구 동교로 22길 12 (121-842)
전　화 | (02) 337-1737
팩　스 | (02) 334-6624

http://www.dongyangbooks.com
http://www.dongyangTV.com

ISBN 978-89-8300-938-8　13750

ⓒ Mirja Maletzki, 2008

▶ 본 책은 저작권법에 의해 보호를 받는 저작물이므로 무단 전재와 복제를 금합니다.
▶ 잘못된 책은 구입처에서 교환해 드립니다.

NEW 후다닥 여행독일어

GERMANY
Speed Speaking

머리글

생각만 해도 설레는 해외여행!
여권준비, 비행기 예약, 숙소 예약, 드디어 출국!
여행을 앞두고 이것저것 다 준비한 것 같은데, 무언가가 허전하다면,
바로 중요한 언어 문제일 것입니다.
이왕 떠나는 신나는 여행인데, 언어에 대한 아무런 준비도 없이 허술히 떠난다면 얼마나 아쉽겠습니까?
자, 그럼 큰맘 먹고 가는 즐거운 여행,
회화책 한 권은 들고 여행을 떠나야겠죠?
이 책은 바로 자신 있게 여행길에 오르고 싶은 분들을 위해 기획한 책입니다.
해외여행 기본상식, 여행 준비자료 등과 함께 그 곳에서 바로 쓸 수 있도록 실용적인 회화문을 위주로 담았습니다. 그림으로 쉽게 찾아 볼 수 있도록 출국장에서, 기내에서, 공항에서, 호텔에서, 현지관광 등에서 각 장소별로 주로 쓰이는 회화 중심으로 실려 있기 때문에, 기본적인 표현은 쉽게 구사할 수 있을 것입니다.
Chapter 0에서는 모르는 독일어 어휘를 그때그때 쉽게 쓸 수 있도록 별도로 엮었습니다.
해외로 떠나는 신나는 여행?
이젠 '후다닥 여행 독일어'와 함께 떠나세요.
여행길에 든든한 친구가 되어 줄 것입니다.

이 책의 활용법

독일 가기 전 체크 사항

떠나기 전에 체크해야 할 사항을 실었습니다. 여행 짐싸기부터 귀국 준비까지 여러분의 여행을 한층 업그레이드해 줄 팁으로 여행준비를 도와 드립니다.

그림으로 보여 주는 알짜 단어

해당 주제 아래 다시 작은 주제별로 필요한 단어들을 모았습니다. 알짜 표현에 맞게 다양한 그림들을 함께 묶어 갑작스럽게 단어를 구사해야 하는 상황에서 실용적으로 사용할 수 있습니다.

New 후다닥 **여행 독일어**

표현

어떤 상황에서라도 꼭 필요한 문장을 쉽게 찾아볼 수 있도록 편리하게 chapter별로 인덱스를 해 놓았습니다. 상황에 따라 찾아보면서 필요한 표현들을 익혀 보세요.

mp3 다운로드

책 속의 모든 표현에 대해 한글과 독일어 모두를 현지인의 음성으로 녹음하였습니다. mp3 파일은 동양북스(http://www.dongyangbooks.com)에서 내려 받으실 수 있습니다.

▶ 이 책에 쓰인 한글 발음은 실제 발음과는 차이가 있으므로 정확한 발음은 mp3를 참고하시기 바랍니다.

차례

Tip. 독일 가기 전 체크 사항 10

CHAPTER 0 그림으로 보여 주는 알짜 단어

기내에서 14
입국심사대에서 15
숙소에서 16
거리에서 건물 | 위치 18
식당에서 주문 | 음식 | 음료 | 술 · 안주 | 조미료 | 식기 21
쇼핑에서 계산 · 개수 | 색깔 | 전자제품 | 잡화 | 의류 | 쇼핑에 필요한 기본 형용사 .. 28
병원 · 약국에서 약 | 병명 | 증상 36
시간 · 날 39
월 40
일 41
요일 42
숫자 43

CHAPTER 1 기본표현

인사하기 46
소개하기 48
질문하기 50
대답하기 52
맞장구 치는 표현 54
감사 및 사과 표현 56
부탁하기 58
칭찬하기 60

CHAPTER 2 기내

좌석 찾기 64
식사와 음료 서비스 받기 66
기타 서비스 요청하기 68
간단한 의료 서비스 받기 70
입국신고서 작성하기 72

CHAPTER 3 공항

입국 심사 받기 76
짐 찾기 78
세관 검사 받기 80
환전 서비스 이용하기 82
공항 교통 이용하기 84

CHAPTER 4 호텔

체크인 (예약을 안 한 경우) 88
체크인 (예약을 한 경우) 90
룸서비스 이용하기 92
호텔 프런트에 문의하기 94
호텔에서 문제 해결하기 96
체크아웃 98

CHAPTER 5 식당

예약하기 102
식당찾기 104
메뉴 고르기 106

주문하기	108
식사하기	110
패스트푸드 주문하기	112
카페에서 주문하기	114
술집에서 주문하기	116
식당에서 문제 해결하기	118
계산하기	120

CHAPTER 6 교통

버스 이용하기	124
전철 · 지하철 이용하기	126
택시 이용하기	128
열차 이용하기	130
렌터카 이용하기	132

CHAPTER 7 관광

관광안내소에 문의하기	136
길 묻는 표현	138
관광지에서 (1)	140
관광지에서 (2)	142
단체관광	144
사진 촬영하기	146

CHAPTER 8 쇼핑

| 쇼핑 관련 표현 | 150 |
| 가격 흥정 | 152 |

계산하기	154
백화점 이용하기	156
전자상가 이용하기	158
의류매장 이용하기	160
서점 이용하기	162
교환 및 환불하기	164

CHAPTER 9 공공시설

전화 이용하기 (1)	168
전화 이용하기 (2)	170
우체국 이용하기	172
은행 이용하기	174

CHAPTER 10 긴급상황

분실 및 도난 사고	178
교통사고	180
건강 이상 (1)	182
건강 이상 (2)	184
건강 이상 (3)	186

CHAPTER 11 귀국

항공권 예약 및 변경	190
공항에서 출국 수속	192
전송 나온 사람이 있을 때	194
결항 · 연착 및 비행기를 놓쳤을 때	196

Tip. 독일 가기 전 체크 사항

출발 전 체크

여권 기간 체크 및 비자
관광 목적으로 머물 수 있는 기간은 최대 90일이며, 그 이상 체류하려면 비자를 받아야 한다.
독일을 비롯한 유럽의 EU국가는 쉥겐조약으로 어디에 머물든지 체류기간 90일을 넘을 수 없게 되어 있다.

항공 예약
동일한 조건의 할인 항공권이라도 여행사마다 조금씩 가격 차이가 있으므로 꼼꼼히 따져보고 구입해야 한다.
독일은 직행 항공보다 다른 유럽 나라를 경유할 경우 더 저렴하다.

여행경비 환전
2002년부터 유럽 12개국에서 단일 통화인 유로가 도입되었다. 단위는 유로와 유로센트가 있다. 지폐는 5, 10, 20, 50, 100, 200, 500유로가 있으며 동전은 1유로, 2유로, 50센트, 20센트, 10센트, 5센트, 2센트, 1센트가 있다. 유로와 유로센트의 환산 비율은 1유로가 100센트이다.

그 외 준비해야 할 것

유스호스텔 회원증
대부분이 회원증이 없으면 추가요금을 지불해야 하는데, 회원증을 발급받아 가는 것이 좋다.
회원증 발급처 한국유스호스텔 연맹 www.kyha.or.kr

국제운전면허증
자동차를 렌트해서 여행하고 싶다면 국제운전면허증이 있어야 한다. 유효기간은 발급일로부터 1년이다.
발급장소 운전면허시험장 ｜ 수수료 8,500원

출국하기

인천 국제공항은 자가용을 이용하거나 지하철이나 공항 리무진으로 이용해야 한다. 출국 2시간 전에는 미리 도착해서 수속준비를 하는 것이 좋다.

인천공항리무진이용안내 www.airportlimousine.co.kr
(공항버스 운행시간과 노선, 실시간 위치 검색이 가능)

출국수속
항공사 데스크에서 체크인 ➡ 세관 신고 ➡ 보안 검색 ➡ 출국 심사 ➡ 면세점 쇼핑 ➡ 탑승 게이트

입국수속
입국 수속 카운터에서 입국 심사 ➡ 짐 찾기 ➡ 세관 검사

현지 정보

한국과 독일의 시차
독일과 한국의 시차는 8시간으로 한국시간에서 8시간을 빼면 독일 현지 시간이 된다. 다만 여름에는 서머 타임제를 실시하고 있어서 7시간 차이가 나니 주의해야 한다. 서머 타임기간은 매년 3월 마지막 일요일부터 10월 마지막 주 일요일까지이다.

Chapter 0

그림으로 보여 주는 알짜 단어

쇼핑에서
계산 · 개수 | 색깔 |
전자제품 | 잡화 | 의류 |
쇼핑에 필요한 기본 형용사

기내에서
입국심사대에서
숙소에서
거리에서
건물 | 위치

병원 · 약국에서
약 | 병명 | 증상

시간 · 날

식당에서
주문 | 음식 |
음료 | 술 · 안주 |
조미료 | 식기

월
일
요일
숫자

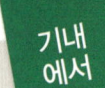

아래 단어를 빈칸에 넣어 보세요

□ 주세요.

Bitte geben Sie mir □.
비테 게벤 지 미어

물
Wasser
바써

주스
Saft
자프트

맥주
Bier
비어

와인
Wein
바인

휴지
Taschentuch
타셴투흐

신문
Zeitung
짜이퉁

입국 심사대 에서

아래 단어를 빈칸에 넣어 보세요

입국목적은? Was ist der Grund Ihrer Reise?
바스 이스트 데어 그룬트 이러 라이제

관광
Urlaub
우얼라우프

비즈니스
Geschäftlich
게셰프틀리히

공부
Studium
슈투디움

유학
Auslandsstudium
아우슬란츠슈투디움

친구방문
Freunde besuchen
프러인데 베주헨

친척방문
Verwandtschaft besuchen
페어반트샤프트 베주헨

숙소에서

_____ 있어요?
Gibt es _____?
깁트 에스

텔레비전
einen Fernseher
아이넨 페른제어

인터넷PC
einen Computer mit Internet
아이넨 컴퓨터 밑 인터넷

전화
ein Telefon
아인 텔레폰

이불
eine Decke
아이네 데케

화장지
Toilettenpapier
토일레텐파피어

열쇠
einen Schlüssel
아이넨 슐뤼쎌

베개
ein Kopfkissen
아인 코프키쎈

타올
ein Handtuch
아인 한트투흐

비누
Seife
자이페

아래 단어를 빈칸에 넣어 보세요

_____은 어디에 있어요?

Wo finde ich _____?
보   핀데   이히

샴푸
Shampoo
샴푸

치약
Zahnpasta
짠파스타

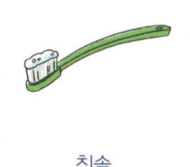

칫솔
eine Zahnbürste
아이네 짠뷔르스테

식당
ein Restaurant
아인 레스토랑

화장실
eine Toilette
아이네 토일레테

거리에서

건물

_____ 이 어디에 있어요?

Wo ist _____ ?
보   이스트

역
der Bahnhof
데어 반호프

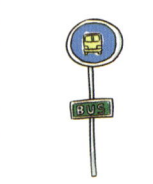

버스정류장
eine Bushaltestelle
아이네 부스할테슈텔레

백화점
ein Kaufhaus
아인 카우프하우스

서점
ein Buchladen
아인 부흐라덴

화장실
eine Toilette
아이네 토일레테

레스토랑
ein Restaurant
아인 레스토랑

패스트푸드점
ein Fast Food Restaurant
아인 파스트 푸드 레스토랑

술집
eine Kneipe
아이네 크나이페

편의점
ein Stunden Convenience Store
아인 슈툰덴 콘베니엔스 스토어

아래 단어를 빈칸에 넣어 보세요

_____ 이 어디에 있어요?

Wo ist _____ ?
보　이스트

은행
eine Bank
아이네 방크

우체국
das Postamt
다스 포스트암트

병원
das Krankenhaus
다스 크랑켄하우스

파출소
die Polizeiwache
디 폴리차이바헤

커피숍
ein Cafe
아인 카페

약국
eine Apotheke
아이네 아포테케

거리에서 · 위치

위치에 관한 독일어

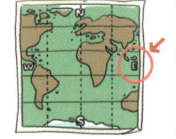

동쪽
Osten
오스텐

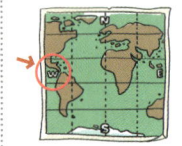

서쪽
Westen
베스텐

남쪽
Süden
쥐덴

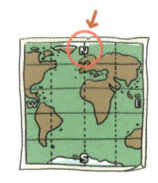

북쪽
Norden
노르덴

앞 / 뒤
vorne / hinten
포르네 / 힌텐

오른쪽 / 왼쪽
rechts / links
레히츠 / 링크스

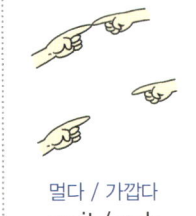

멀다 / 가깝다
weit / nah
바이트 / 나

이쪽 / 그쪽 / 저쪽
hier lang / da lang / dort lang
히어 랑 / 다 랑 / 도르트 랑

식당에서 — 주문

음식 주문하는 법

웨이터를 부를 때 – 여기요
Entschuldigung!
엔트슐디궁

이거 주세요
Das hier, Bitte!
다스 히어 비테

식당에서

음식

주세요.
Bitte geben Sie mir _____.
비테 게벤 지 미어

보통
normale Größe
노르말레 그뢰쎄

곱빼기
doppelte Größe
도플테 그뢰쎄

특대
extra groß
엑스트라 그로쓰

부드러운 맛
mild
밀트

매운 맛
scharf
샤프

아래 단어를 빈칸에 넣어 보세요

_____ 주세요.
Bitte geben Sie mir _____.
비테 게벤 지 미어

스테이크
ein Steak
아인 스테이크

과일
Obst
옵스트

빵
Brot
브로트

케익
Kuchen
쿠헨

푸딩
einen Pudding
아이넨 푸딩

아이스크림
ein Eis
아인 아이스

독일 전통 스튜
Eintopf
아인토프

배추 룰라드
Kohlrouladen
콜룰라덴

송아지고기 커틀릿과 버섯 소스
Jägerschnitzel
얘거슈니첼

헝가리풍 수프
Gulasch
굴라쉬

햄버거
einen Hamburger
아이넨 함부르거

와인에 끓인 쇠고기
Sauerbraten
자우어브라텐

감자 소테
Bratkartoffeln
브랏카르토펠른

매시트 포테이토
Kartoffelbrei
카르토펠브라이

밥
Reis
라이스

식당에서

음료

☐☐☐☐ 주세요.

Bitte geben Sie mir ☐☐☐☐.

비테　게벤　지　미어

아이스 / 핫
kalt / heiß
칼트 / 하이스

커피
Kaffee
카페

코코아
Kakao
카카오

주스
Saft
자프트

콜라
Cola
콜라

우유
Milch
밀히

녹차
Grünen Tee
그뤼넨 테

두유
Sojamilch
조야밀히

술 · 안주

아래 단어를 빈칸에 넣어 보세요

_____ 주세요.
Bitte geben Sie mir _____.
비테   게벤   지   미어

생맥주
Bier vom Fass
비어 폼 파스

병맥주
Flaschenbier
플라셴비어

위스키
Whiskey
위스키

와인
Wein
바인

소주
Schnaps
슈납스

식당에서

조미료

_____ 주세요.
Bitte geben Sie mir _____.
비테 게벤 지 미어

간장
Sojasoße
조야조쎄

겨자
Senf
젠프

마늘
Knoblauch
크놉라우흐

소금
Salz
잘츠

고추
Cayennepfeffer
카옌페퍼

소스
Soße
조쎄

설탕
Zucker
쭈커

후추
Pfeffer
페퍼

식초
Essig
에씨히

식기

아래 단어를 빈칸에 넣어 보세요

_____ 주세요.
Bitte geben Sie mir _____.
비테   게벤   지   미어

숟가락
Löffel
뢰펠

젓가락
Stäbchen
슈탭헨

칼
Messer
메써

컵
Becher
베허

포크
Gabel
가벨

접시
Teller
텔러

밥그릇
Schal
샬

쇼핑에서

계산 · 개수

_____로 계산할게요.

Ich bezahle _____.

이히 베짤레

현금
bar
바

카드
mit Karte
밑 카트테

_____ 주세요.

Bitte geben Sie mir _____.

비테   게벤   지   미어

개수		
한 개	eins	아인스
두 개	zwei	쯔바이
세 개	drei	드라이
네 개	vier	피어
다섯 개	fünf	퓐프
여섯 개	sechs	젝스
일곱 개	sieben	지벤
여덟 개	acht	아흐트
아홉 개	neun	노인
열 개	zehn	첸

색깔

_____를 찾아요.

Ich suche etwas in _____.

이히 주헤   에트바스 인

색깔		
■ 갈색	braun	브라운
■ 검은색	schwarz	슈바르츠
■ 노란색	gelb	겔프
■ 녹색	grün	그륀
■ 보라색	lila	릴라
■ 분홍색	rosa	로자
■ 빨간색	rot	로트
■ 오렌지색	orange	오랑쥬
■ 푸른색	blau	블라우
■ 회색	grau	그라우
■ 흰색	weiß	바이스

쇼핑에서

전자제품

_____ 주세요.
Bitte geben Sie mir _____.
비테 게벤   지 미어

컴퓨터
Computer
콤퓨터

노트북
Laptop
랩톱

핸드폰
Handy
핸디

MP3플레이어
MP3 Player
엠페 드라이 플레이어

디지털 카메라
Digitalkamera
디기탈카메라

이어폰
Kopfhörer
코프회러

DVD
DVD
데 파우 데

게임소프트
Videospiel
비데오슈필

잡화

아래 단어를 빈칸에 넣어 보세요

_____ 주세요.
Bitte geben Sie mir _____ .
비테   게벤   지   미어

시계
Uhr
우어

안경
Brille
브릴레

선글라스
Sonnenbrille
조넨브릴레

핸드폰 줄
Handyband
핸디반트

지갑
Brieftasche
브리프타셰

반지
Ring
링

목걸이
Kette
케테

팔찌
Armband
아름반트

귀걸이
Ohrringe
오어링에

쇼핑에서

주세요.
Bitte geben Sie mir .
비테 게벤 지 미어

담배
Zigaretten
찌가레텐

라이터
Feuerzeug
포이어쪼이크

우산
Regenschirm
레겐쉬름

화장품
Schminkartikel
슈밍크아르티켈

가방
Handtasche
한트타셰

의류

아래 단어를 빈칸에 넣어 보세요

주세요.
Bitte geben Sie mir _____.
비테   게벤   지   미어

셔츠
Unterhemd
운터헴트

티셔츠
T-Shirt
티셔트

와이셔츠
Hemd
헴트

블라우스
Bluse
블루제

스웨터
Pullover
풀오버

양복
Anzug
안추크

넥타이
Krawatte
크라바테

양말
Strümpfe
슈트륌페

코트
Mantel
만텔

바지
Hose
호제

청바지
Jeans
진스

스커트
Rock
로크

구두
Schuhe
슈에

운동화
Turnschuhe
투른슈에

33

쇼핑에서

쇼핑에 필요한 기본 형용사

　　　　　　네요.

Das ist 　　　　　　.
다스　이스트

비싸다
teuer
토이어

싸다
billig
빌리히

크다
groß
그로쓰

작다
klein
클라인

가볍다
leicht
라이히트

무겁다
schwer
슈베어

아래 단어를 빈칸에 넣어 보세요

_____ 네요.
Das ist _____.
다스 이스트

짧다
kurz
쿠르츠

길다
lang
랑

많다
viel
필

적다
wenig
베니히

새롭다
neu
노이

낡다
alt
알트

병원, 약국에서

약

_____ 주세요.

Bitte geben Sie mir _____.
비테 게벤 지 미어

소독약
Desinfektionsmittel
데스인펙치온스미텔

감기약
Erkältungsmedizin
에어캘퉁스메디찐

해열진통제
Fiebermittel
피버미텔

소화제
Verdauungsmittel
페어다웅스미텔

변비약
Abführmittel
압퓌르미텔

멀미약
Mittel gegen Übelkeit
미텔 게겐 위벨카이트

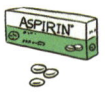

아스피린
Aspirin
아스피린

연고
Wundsalbe
분트잘베

반창고
Pflaster
플라스터

병명

아래 단어를 빈칸에 넣어 보세요

☐☐☐☐☐ 예요.
Ich habe ☐☐☐☐☐.
이히 하브

감기
eine Erkältung
아이네 에어캘퉁

식중독
eine Lebensmittelvergiftung
아이네 레벤스미틀페어기프퉁

두통
Kopfschmerzen
코프슈메르첸

복통
Bauchschmerzen
바우흐슈메르첸

위통
Magenschmerzen
마겐슈메르첸

치통
Zahnschmerzen
짠슈메르첸

변비
Verstopfung
페어슈토풍

생리통
Regelschmerzen
레겔슈메르첸

멀미
Übelkeit
위벨카이트

병원, 약국에서

증상

▢▢▢▢가 아파요.
Mir tut ▢▢▢▢ weh.
미어 투트 　　　　　베

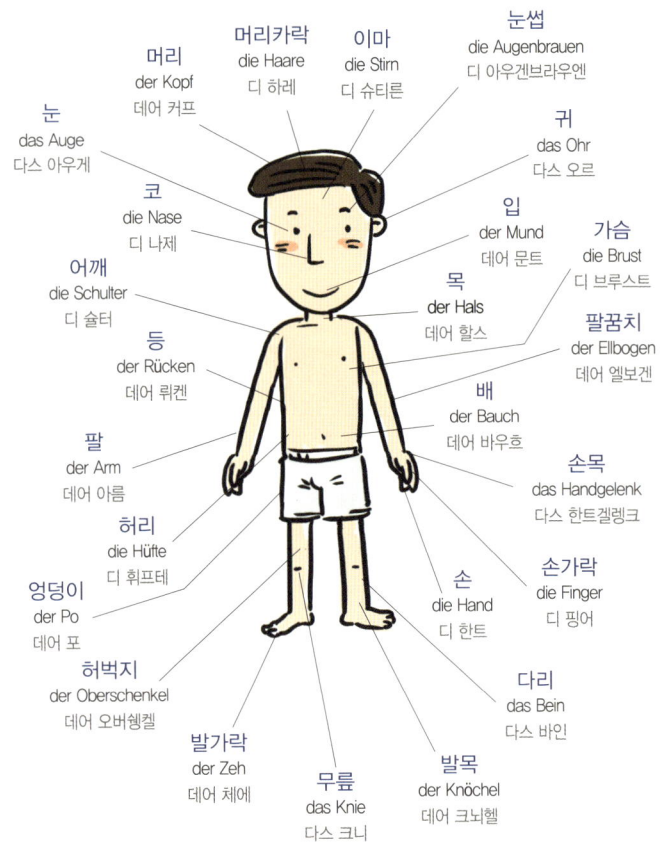

머리 der Kopf 데어 커프
머리카락 die Haare 디 하레
이마 die Stirn 디 슈티른
눈썹 die Augenbrauen 디 아우겐브라우엔
눈 das Auge 다스 아우게
코 die Nase 디 나제
귀 das Ohr 다스 오르
입 der Mund 데어 문트
가슴 die Brust 디 브루스트
어깨 die Schulter 디 슐터
목 der Hals 데어 할스
팔꿈치 der Ellbogen 데어 엘보겐
등 der Rücken 데어 뤼켄
배 der Bauch 데어 바우흐
팔 der Arm 데어 아름
손목 das Handgelenk 다스 한트겔렝크
허리 die Hüfte 디 휘프테
엉덩이 der Po 데어 포
손 die Hand 디 한트
손가락 die Finger 디 핑어
허벅지 der Oberschenkel 데어 오버쉥켈
발가락 der Zeh 데어 체에
무릎 das Knie 다스 크니
발목 der Knöchel 데어 크뇌헬
다리 das Bein 다스 바인

38 후다닥 여행 독일어

몇 시예요?
Wie spät ist es?
비 슈패트 이스트 에스

시간		
시간	Stunde	슈툰데
분	Minute	미누테
초	Sekunde	제쿤데
한 시간	eine Stunde	아이네 슈툰데
두 시간	zwei Stunden	츠바이 슈툰덴
5분	fünf Minuten	퓐프 미누텐
10분	zehn Minuten	첸 미누텐
30분	dreißig Minuten / eine halbe Stunde	드라이씨히 미누텐 / 아이네 할베 슈툰데
10초	zehn Sekunden	첸 제쿤덴

날		
하루	ein Tag	아인 탁
오전	Vormittag	뽀어미탁
오후	Nachmittag	나흐미탁
저녁	Abend	아벤트
밤	Nacht	나흐트
정오	Mittag	미탁
오늘	heute	호이테
어제	gestern	게스턴
내일	morgen	모르겐
오늘 아침	heute Morgen	호이테 모르겐
오늘 저녁	heute Abend	호이테 아벤트

월

몇 월이에요?
Welcher Monat?
벨혀　　　모나트

월		
달(月)	Monat	모나트
1월	Januar	야누아
2월	Februar	페브루아
3월	März	매르츠
4월	April	아프릴
5월	Mai	마이
6월	Juni	유니
7월	Juli	율리
8월	August	아우구스트
9월	September	젭템버
10월	Oktober	옥토버
11월	November	노벰버
12월	Dezember	데쳄버
이번 달	dieser Monat	디저 모나트
다음 달	nächster Monat	내흐스터 모나트
지난 달	letzter Monat	레츠터 모나트

일

며칠이에요?
Der wie vielte?
데어 비 필테

일					
1일	der erste	데어 에르스테	6일	der sechste	데어 젝스테
2일	der zweite	데어 츠바이테	7일	der siebte	데어 집테
3일	der dritte	데어 드리테	8일	der achte	데어 아흐테
4일	der vierte	데어 피어테	9일	der neunte	데어 노인테
5일	der fünfte	데어 퓐프테	10일	der zehnte	데어 첸테
11일	der elfte		데어 엘프테		
12일	der zwölfte		데어 츠뵐프테		
13일	der dreizehne		데어 드라이첸테		
14일	der vierzehnte		데어 피어첸테		
15일	der fünfzehnte		데어 퓐프첸테		
16일	der sechzehnte		데어 제히첸테		
17일	der siebzehnte		데어 집첸테		
18일	der achtzehnte		데어 아흐첸테		
19일	der neunzehnte		데어 노인첸테		
20일	der zwanzigste		데어 츠반치히스테		
21일	der einundzwanzigste		데어 아인운츠반치히스테		
22일	der zweiundzwanzigste		데어 츠바이운츠반치히스테		
23일	der dreiundzwanzigste		데어 드라이운츠반치히스테		
24일	der vierundzwanzigste		데어 피어운츠반치히스테		
25일	der fünfundzwanzigste		데어 퓐프운츠반치히스테		
26일	der sechsundzwanzigste		데어 젝스운츠반치히스테		
27일	der siebenundzwazigste		데어 지벤운츠반치히스테		
28일	der achtundzwanzigste		데어 아흐트운츠반치히스테		
29일	der neunundzwanzigste		데어 노인운츠반치히스테		
30일	der dreißigste		데어 드라이씨히스테		
31일	der einunddreißigste		데어 아인운드드라이씨히스테		

요일

무슨 요일이에요?
Welcher Wochentag?
벨혀   보헨탁

요일		
일요일	Sonntag	존탁
월요일	Montag	몬탁
화요일	Dienstag	딘스탁
수요일	Mittwoch	미트보흐
목요일	Donnerstag	도너스탁
금요일	Freitag	프라이탁
토요일	Samstag	잠스탁
공휴일	Feiertag	파이어탁
이번 주	diese Woche	디제 보헤
다음 주	nächste Woche	내흐스테 보헤
지난 주	letzte Woche	레츠테 보헤

숫자

몇 개예요?
Wie viele?
비 필레

0	Null	눌	18	Achtzehn	아흐첸
1	Eins	아인스	19	Neunzehn	노인첸
2	Zwei	쯔바이	20	Zwanzig	쯔반치히
3	Drei	드라이	30	Dreißig	드라이시히
4	Vier	피어	40	Vierzig	피어치히
5	Fünf	퓐프	50	Fünfzig	퓐프치히
6	Sechs	젝스	60	Sechzig	제히치히
7	Sieben	지벤	70	Siebzig	집치히
8	Acht	아흐트	80	Achtzig	아흐치히
9	Neun	노인	90	Neunzig	노인치히
10	Zehn	첸	100	Hundert	훈더트
11	Elf	엘프	1,000	Eintausend	아인타우젠트
12	Zwölf	쯔뵐프	10,000	Zehntausend	첸타우젠트
13	Dreizehn	드라이첸	100,000	Einhundert tausend	아인훈더트 타우젠트
14	Vierzehn	피어첸	1,000,000	Eine Million	아이네 밀리온
15	Fünfzehn	퓐프첸	1/2	Ein Halb	아인 할프
16	Sechzehn	제히첸	1/3	Ein Drittel	아인 드리텔
17	Siebzehn	집첸	1/4	Ein Viertel	아인 피어텔

Chapter 1 기본표현

인사하기	맞장구 치는 표현
소개하기	감사 및 사과 표현
질문하기	부탁하기
대답하기	칭찬하기

기본표현 인사하기

안녕하세요? (아침 / 점심 / 저녁)
Good morning. / Good afternoon. / Good evening.

잘 지내셨습니까?
How are you?

잘 지냅니다. 당신은요?
I'm fine, and you?

오랜만입니다.
Long time no see.

안녕히 주무세요.
Good night.

또 만납시다.
See you again.

안녕히 가세요.
Good bye.

Guten Morgen. / Guten Tag. / Guten Abend.
구텐 모르겐 구텐 탁 구텐 아벤트

Wie geht es Ihnen?
비 게트 애스 이넨

Mir geht es gut, und Ihnen?
미어게트 애스굿 운트 이넨

Wir haben uns lange nicht mehr gesehen.
비어 하벤 운스 랑에 니히트메어 게젠

Gute Nacht.
구테 나흐트

Bis zum nächsten Mal.
비스 쭘 네히스튼 말

Auf Wiedersehen.
아웁 비더젠

기본표현 소개하기

처음 뵙겠습니다.
How do you do?

어디에서 왔습니까?
Where are you from?

저는 한국에서 왔습니다.
I'm from Korea.

성함이 어떻게 되세요?
What's your name?

제 명함입니다.
This is my business card.

만나서 반갑습니다.
I'm glad to see you.

저야말로 만나서 반갑습니다.
I'm glad to see you, too.

Freut mich Sie kennen zu lernen.
프로이트 미히 지 켄넨   쭈 레르는

Wo kommen Sie her?
보 컴멘   지 헤아

Ich komme aus Korea.
이히 컴메   아우스 코레아

Wie heißen Sie?
비 하이센 지

Hier ist meine Visitenkarte.
히어 이스트 마이네 비지텐카르테

Ich freue mich Sie kennen zu lernen.
이히 프로이에 미히 지 켄넨   쭈 레르넨

Ich freue mich auch sehr darüber.
이히 프로이에 미히 아우흐 제어 다뤼버

기본표현 질문하기

저기…….
Excuse me.

여기가 어디입니까?
Where am I?

이것은 무엇입니까?
What is this?

지금 몇 시입니까?
What time is it now?

뭐라고 말했습니까?
What did you say?

이것은 무엇에 쓰는 것입니까?
What's this for?

그것은 어디서 살 수 있습니까?
Where can I buy that?

Entschuldigen Sie bitte.
엔트슐디겐 지 비테

Wo bin ich hier?
보 빈 이히 히어

Was ist das hier?
바스 이스트 다스 히어

Wie spät ist es?
비 슈패트 이스트 애스

Entschuldigung, was haben Sie gesagt?
엔트슐디궁 바스 하벤 지 게작트

Wofür benutzt man das?
보퓌어 베누츠트 만 다스

Wo kann ich das kaufen?
보 칸 이히 다스 카우펜

기본표현 대답하기

예. / 아니요.
Yes. / No.

그렇습니다.
Yes, it is.

아니요, 그렇지 않습니다.
No, it isn't.

알겠습니다.
I see.

잘 모르겠습니다.
I don't know.

괜찮습니다.
No, thank you.

예, 고마워요.
Yes, thank you.

Ja. / Nein.

야 나인

Ja, das stimmt.

야 다스 슈팀트

Nein, das stimmt nicht.

나인 다스 슈팀트 니히트

Ich verstehe.

이히 페어슈테

Ich bin mir nicht sicher.

이히 빈 미어 니히트 지혀

Nein, danke.

나인 당케

Ja, vielen Dank.

야 필렌 당크

기본표현 맞장구 치는 표현

그렇군요.
Let me see.

역시.
I thought so.

아, 그래요?
Is that so?

정말입니까?
Really?

나도 그렇게 생각합니다.
I think so, too.

설마.
You don´t say!

그렇고 말고.
Indeed.

Ach so.
아흐 조

Das habe ich mir gedacht.
다스 하베 이히 미어 게다흐트

Ach, tatsächlich?
아흐 탓재흘리히

Wirklich?
비르클리히

Das finde ich auch.
다스 핀데 이히 아우흐

Unmöglich.
운묔글리히

In der Tat.
인 데어 타트

기본표현 감사 및 사과 표현

대단히 감사합니다.
Thank you so much.

친절하게 대해 주셔서 고맙습니다.
I really appreciate your kindness.

저야말로.
It's my pleasure.

미안합니다.
I'm sorry.

정말 죄송합니다.
I am really very sorry.

용서해 주세요.
Please forgive me.

천만에요.
You're welcome.

Vielen Dank.
필렌 당크

Vielen Dank, dass Sie so freundlich waren.
필렌 당크 다스 지 조 프로인틀리히 봐렌

Gern geschehen.
게른 게셰엔

Es tut mir Leid.
애스 투트 미어 라이트

Es tut mir wirklich sehr Leid.
애스 투트 미어 비르클리히 제어 라이트

Bitte verzeihen Sie mir.
비테 페어짜이엔 지 미어

Kein Problem.
카인 프로블렘

기본표현 부탁하기

실례합니다. 물어보고 싶은게 있는데요.
Excuse me. I would like to ask you something.

부탁해도 될까요?
Could you do me a favor?

도와주시겠습니까?
Could you help me?

잠깐만 기다려 주세요.
Please wait a moment.

한 번 더 말해 주세요.
Could you repeat that once more?

좀더 천천히 말해 주세요.
Could you speak more slowly, please?

이 전화기 사용방법을 알려 주시겠어요?
Could you tell me how to use this telephone?

Entschuldigen Sie, ich hätte da eine Frage.
엔트슐디겐 지 이히 해테 다 아이네 프라게

Könnten Sie mir einen Gefallen tun?
쾬텐 지 미어 아이넨 게팔렌 툰

Könnten Sie mir helfen?
쾬텐 지 미어 헬펜

Bitte warten Sie einen Augenblick.
비테 바르텐 지 아이넨 아우겐블릭

Könnten Sie das noch mal wiederholen?
쾬텐 지 다스 노흐 말 비더홀렌

Könnten Sie bitte etwas langsamer sprechen?
쾬텐 지 비테 애트바스 랑자머 슈프레헨

Könnten Sie mir zeigen, wie man dieses Telefon benutzt?
쾬텐 지 미어 짜이겐 비 만 디제스 텔레폰 베누츠트

기본표현 칭찬하기

잘하시네요.
Good job.

굉장하네요.
That's great.

참 친절하시네요.
You are very kind.

아름답네요.
So beautiful.

예쁘네요.
Good looking.

귀엽군요.
So cute.

좋은 생각이네요.
Good idea.

Gut gemacht.
굳 게마흐트

Das ist toll.
다스 이스트 톨

Sehr freundlich von Ihnen.
제어 프러인틀리히 폰 이넨

Wunderschön.
분더쇤

Sehr hübsch.
제어 휩쉬

Niedlich.
니틀리히

Das ist eine gute Idee.
다스 이스트 아이네 구테 이데

Chapter 2 기내

좌석 찾기

식사와 음료 서비스 받기

기타 서비스 요청하기

간단한 의료 서비스 받기

입국신고서 작성하기

기내 좌석 찾기

제 좌석은 어디입니까?
Where is my seat?

좌석으로 안내해 드릴까요?
Shall I guide you to your seat?

탑승권을 보여 주십시오.
Please show me your boarding pass.

좀 지나가도 될까요?
May I go through?

가방 선반에 넣어 주세요.
Please put a bag in the overhead compartment.

자리를 바꿔도 될까요?
May I change my seat?

출발은 언제인가요?
What is the estimated time of departure?

Wo ist mein Sitz?
보 이스트 마인 지츠

Soll ich Sie zu Ihrem Sitz führen?
졸 이히 지 쭈 이렘 지츠 퓌렌

Bitte zeigen Sie mir Ihre Boarding-Karte.
비테 짜이겐 지 미어 이레 버딩카르테

Darf ich da mal durch?
다르프이히 다 말 두르흐

Bitte verstauen Sie die Tasche im Ablagefach.
비테 페어슈타우엔 지 디 타쉐 임 압라게파흐

Darf ich mich auf einen anderen Platz setzen?
다르프 이히 미히 아웁 아이넨 안더렌 플라츠 젯첸

Wann fliegen wir ab?
반 플리겐 비어 앞

기본표현 | 기내 | 공항 | 호텔 | 식당 | 교통 | 관광 | 쇼핑 | 공공시설 | 긴급상황 | 귀국

기내 　**식사와 음료 서비스 받기**

식사는 언제 나옵니까?
What time do you serve the meal?

마실 것 좀 주시겠어요?
Can I have something to drink?

어떤 것이 있습니까?
What kind of do you have?

음료는 뭘로 하시겠습니까?
What would you like to drink?

커피 부탁해요.
Coffee, please.

식사는 필요없습니다.
I don't need a meal.

나중에 먹어도 될까요?
May I have it later?

Um wie viel Uhr gibt es die nächste Mahlzeit?
움 비 필 우어 깁트 에스디 내흐스트 말짜이트

Kann ich etwas zum Trinken haben?
칸 이히 애트바스 쭘 트링켄 하벤

Was haben Sie denn?
바스 하벤 지 덴

Was würden Sie gerne trinken?
바스 뷔르댄 지 게르네 트링켄

Einen Kaffee, bitte.
아이넨 카페 비테

Ich möchte nichts essen.
이히 뫼흐테 니히츠 에쎈

Kann ich auch später essen?
칸 이히 아우흐 슈페터 에쎈

기내 기타 서비스 요청하기

한국 신문을 주세요.
Can I have a Korean newspaper?

기내면세품을 사고 싶은데요.
I would like to buy duty-free items.

이것은 어떻게 끕니까?
How do I turn off the light?

이거 고장인 거 같은데요.
It seems to be broken.

이어폰이 안 들려요.
These earphones are not working.

좌석이 작동하지 않습니다.
This seat doesn't operate.

모포를 주시겠어요?
May I have a blanket?

Kann ich bitte eine koreanische Zeitung haben?

칸 이히 비테 아이네 코레아니셰 짜이퉁 하벤

Ich würde gerne Duty-Free Ware kaufen.

이히 뷔르데 게르네 듀티 프리 바레 카우펜

Wie schalte ich das Licht aus?

비 샬테 이히 다스 리히트 아우쓰

Das hier scheint kaputt zu sein.

다스 히어 샤인트 카풋 쭈 자인

Diese Kopfhörer funktionieren nicht.

디제 코프회러 풍크치오니렌 니히트

Dieser Sitz funktioniert nicht.

디저 지츠 풍크치오니르트 니히트

Kann ich bitte eine Decke haben?

칸 이히 비테 아이네 데케 하벤

기내 간단한 의료 서비스 받기

속이 좋지 않습니다.
I'm not feeling well.

숨쉬기가 곤란해요.
I have trouble breathing.

열이 있습니다.
I have a fever.

몸 상태가 좋지 않습니다.
I feel sick.

멀미약은 있습니까?
Do you have medicine for air-sickness?

두통이 있습니다.
I have a headache.

좀 눕고 싶은데요.
I want to lie down.

Ich fühle mich nicht wohl.

이히 퓔레 미히 니히트 볼

Ich habe Probleme beim Atmen.

이히 하베 프로블레메 바임 아트멘

Ich habe Fieber.

이히 하베 피버

Ich bin krank.

이히 빈 크랑크

Haben Sie etwas gegen Übelkeit?

하벤 지 애트바스 게겐 위벨카이트

Ich habe Kopfschmerzen.

이히 하베 코프슈메르첸

Ich möchte mich hinlegen.

이히 뫼흐테 미히 힌레겐

기내 · # 입국신고서 작성하기

입국카드는 작성하셨습니까?
Did you fill out an immigration form?

이것이 입국카드입니까?
Is this the immigration form?

입국카드 한 장 주세요.
Can I have an immigration form?

쓰는 법을 좀 가르쳐 주시겠습니까?
Can you show me how to fill out this form?

펜을 빌려 주시겠습니까?
Could you lend me a pen?

영어로 써도 됩니까?
Can I write it in English?

이것으로 됐습니까?
Is it O.K?

Haben Sie das Einreiseformular ausgefüllt?

하벤　지　다스　아인라이제포르물라 아우스게퓔트

Ist dies das Einreiseforumlar?

이스트디스 다스　아인라이제포르물라

Kann ich bitte ein Einreiseformular haben?

칸　이히 비테 아인 아인라이제포르물라 하벤

Können Sie mir beim Ausfüllen helfen?

쾨넨　지　미어 바임　아우스퓔렌　헬펜

Könnten Sie mir einen Stift leihen?

쾬텐　지　미어 아이넨 슈티프트 라이엔

Kann ich das in Englisch ausfüllen?

칸　이히 다스 인 앵글리쉬　아우스퓔렌

Ist das so in Ordnung?

이스트 다스 조 인　오르트눙

Chapter 3 공항

입국 심사 받기

짐 찾기

세관 검사 받기

환전 서비스 이용하기

공항 교통 이용하기

공항 — 입국 심사 받기

입국 심사는 어디서 합니까?
Where is the entry examination?

여권을 보여 주십시오.
Your passport, please.

입국카드를 보여 주세요.
Please show me your immigration form.

입국 목적은 무엇입니까?
What's the purpose of your visit?

여행입니다.
Travelling.

며칠 간 머무를 예정입니까?
How long will you be staying here?

어디에서 숙박하실 예정입니까?
Where are you going to stay?

Wo ist der Einreiseschalter?

보 이스트 데어 아인라이제샬터

Ihren Pass, bitte.

이렌 파쓰 비테

Bitte geben Sie mir Ihr Einreiseformular.

비테 게벤 지 미어 이어 아인라이제포르물라

Was ist der Grund Ihrer Reise?

바스 이스트 데어 그룬트 이러 라이제

Ich bin hier auf Urlaub.

이히 빈 히어 아우프우얼라웁

Wie lange bleiben Sie?

비 랑에 블라이벤 지

Wo werden Sie unterkommen?

보 베르덴 지 운터콤멘

공항 짐 찾기

짐은 어디에서 찾습니까?
Where can I get my baggage?

타고 오신 항공편은 무엇입니까?
On what flight did you arrive?

KAL747편입니다.
KAL747.

제 짐을 잃어버렸습니다.
My baggage is missing.

제 짐이 안 나왔는데요.
My baggage hasn't arrived.

가방이 망가졌어요.
My suitcase has been broken.

이것이 수화물인환증입니다.
Here is my claim tag.

Wo kommt das Gepäck an?
보 콤트 다스 게팩 안

Mit welchem Flug sind Sie angekommen?
밑 벨헴 플룩 진트 지 안게콤맨

Mit KAL 747.
밑 카아엘 지벤 피어 지벤

Mein Gepäck fehlt.
마인 게팩 펠트

Mein Gepäck ist nicht angekommen.
마인 게팩 이스트 니히트 안게콤맨

Mein Koffer wurde beschädigt.
마인 코퍼 부르데 베섀딕트

Hier ist mein Gepäckticket.
히어 이스트 마인 게팩티켓

공항 — 세관 검사 받기

짐은 이게 전부입니까?
Is this all you have?

신고할 물건은 없습니까?
Do you have anything to declare?

아니요, 없습니다.
No, nothing.

가방을 열어 주시겠어요?
Would you open this bag?

이것은 무엇입니까?
What's this?

친구에게 줄 선물입니다.
Gifts for my friends.

이것은 가지고 들어가실 수 없습니다.
You are not allowed to bring this.

Ist das alles, was Sie an Gepäck dabei haben?
이스트 다스 알레스 바스 지 안 게팩 다바이 하벤

Haben Sie etwas zu verzollen?
하벤 지 애트바스 쭈 페어촐렌

Nein, nichts.
나인 니흐츠

Könnten Sie bitte diese Tasche öffnen?
쾬텐 지 비테 디제 타셰 외프넨

Was ist das?
바스 이스트 다스

Das sind Geschenke für meine Freunde.
다스 진트 게솅케 퓌어 마이네 프로인데

Sie dürfen das hier nicht einführen.
지 뒤르펜 다스 히어 니히트 아인퓌렌

공항 — 환전 서비스 이용하기

환전소는 어디입니까?
Where is the money exchange counter?

환율이 어떻게 됩니까?
What's the exchange rate?

유로로 환전해 주세요.
Could you exchange this into Euro?

잔돈을 섞어 주세요.
Can I have some small change?

수수료는 얼마입니까?
How much is the handling fee?

여권은 가지고 왔습니까?
Did you bring your passport?

여기에 서명해 주십시오.
Sign your name here, please.

Wo finde ich den Wechselschalter?

보 핀데 이히 덴 벡셀샬터

Wie steht der Kurs?

비 슈테트 데어 쿠르스

Könnten Sie dies bitte in Euro umtauschen?

쾬텐 지 디스 비테 인 에어로 움타우셴

Könnte ich bitte etwas Kleingeld bekommen?

쾬테 이히 비테 애트바스 클라인켈트 베콤멘

Wie hoch sind die Tauschgebühren?

비 호흐 진트 디 타우쉬게뷔렌

Haben Sie Ihren Pass dabei?

하벤 지 이렌 파쓰 다바이

Bitte unterschreiben Sie hier.

비테 운터슈라이벤 지 히어

공항 공항 교통 이용하기

브란덴부르거 문까지 어떻게 가면 되죠?
How do I go to the Brandenburger Tor?

지하철은 어디에서 탑니까?
Where do you take the subway?

표는 어디에서 삽니까?
Where can I buy a ticket?

시간은 얼마나 걸립니까?
How long does it take?

관광안내소는 어디입니까?
Where is the tourist information?

시내로 가는 가장 싼 교통수단은 무엇입니까?
What's the cheapest way downtown?

시내로 가는 가장 빠른 교통수단은 무엇입니까?
What's the fastest way downtown?

Wie komme ich zum Brandenburger Tor?
비 콤메 이히 쭘 브란덴덴부르거 토어

Wo fährt die U-Bahn?
보 패르트디 우 반

Wo kann ich eine Fahrkarte kaufen?
보 칸 이히 아이네 파카르테 카우펜

Wie lange dauert es?
비 랑에 다우어르트 에스

Wo finde ich das Fremdenverkehrsamt?
보 핀데 이히 다스 프렘덴페어케어스암트

Wie komme ich am billigsten in die Innenstadt?
비 콤메 이히암 빌릭스텐 인 디 인넨슈타트

Wie komme ich am schnellsten in die Innenstadt?
비 콤메 이히암 슈넬스텐 인 디 인넨슈타트

Chapter 4 호텔

체크인 (예약을 안 한 경우)
체크인 (예약을 한 경우)
룸서비스 이용하기
호텔 프런트에 문의하기
호텔에서 문제 해결하기
체크아웃

호텔 # 체크인 (예약을 안 한 경우)

실례하지만, 빈방 있습니까?
Excuse me, do you have a room?

어떤 방으로 하시겠습니까?
What kind of room would you like?

싱글룸으로 부탁합니다.
I'd like a single room.

하루에 얼마입니까?
How much is it a night?

아침 식사는 포함되어 있습니까?
Is breakfast included?

며칠 간 묵으실 겁니까?
How long are you staying?

죄송합니다만, 빈방이 없습니다.
I'm sorry, the rooms are full.

Entschuldigen Sie, haben Sie ein freies Zimmer?

엔트슐디겐 지 하벤 지 아인 프라이에스 찜머

Was für ein Zimmer hätten Sie gerne?

바스 퓌어 아인 찜머 해텐 지 게르네

Ich hätte gerne ein Einzelzimmer.

이히 해테 게르네 아인 아인첼찜머

Wie teuer ist eine Übernachtung?

비 토이어 이스트 아이네 위버나흐퉁

Ist das Frühstück im Preis inbegriffen?

이스트 다스 프뤼슈튁 임 프라이스 인베그리펜

Wie lange bleiben Sie?

비 랑에 블라이벤 지

Es tut mir Leid, aber alle Zimmer sind belegt.

에스 투트 미어 라이트 아버 알레 찜머 진트 벨렉트

호텔 체크인 (예약을 한 경우)

체크인을 부탁합니다.
I'd like to check in, please.

예약하셨습니까?
Do you have a reservation?

성함이 어떻게 되십니까?
May I have your name?

숙박카드를 작성해 주십시오.
Could you fill out the registration form, please?

늦게 도착할 것 같습니다.
I think I will arrive a little late.

예약 취소하지 말아 주세요.
Please don't cancel my reservation.

방까지 짐을 옮겨 주시겠어요?
Could you bring my baggage?

Ich würde gerne einchecken.
이히 뷔르데 게르네 아인체켄

Haben Sie reserviert?
하벤 지 레저비르트

Wie ist Ihr Name?
비 이스트 이어 나메

Könnten Sie bitte das Anmeldeformular ausfüllen?
퀸텐 지 비테 다스 안멜데포르물라 아우스퓔렌

Ich werde voraussichtlich etwas später ankommen.
이히 베르데 포라우스지흐틀리히 애트바스 슈패터 안콤멘

Bitte stornieren Sie meine Reservierung nicht.
비테 슈토르니렌 지 마이네 레저비룽 니히트

Könnten Sie mir mein Gepäck aufs Zimmer bringen?
퀸텐 지 미어 마인 게팩 아웁스 찜머 브링엔

호텔 룸서비스 이용하기

룸서비스입니까?
Room service?

룸서비스 부탁합니다.
Room service, please.

식사를 가져다 주세요.
Please bring me something to eat.

모닝콜을 부탁하고 싶은데요.
I'd like to get a wake-up call.

세탁서비스가 가능합니까?
Do you have a laundry service?

룸서비스는 몇 시까지입니까?
What time does room service stop serving?

이건 팁입니다.
Here's your tip.

Ist dort der Zimmerservice?

이스트 도르트 데어 찜머제르비스

Bitte den Zimmerservice.

비테 덴 찜머제르비스

Bitte bringen Sie mir etwas zu essen.

비테 브링엔 지 미어 애트바스 쭈 애쎈

Ich hätte gerne einen Weckruf.

이히 해테 게르네 아이넨 백루프

Haben Sie einen Reinigungsdienst?

하벤 지 아이넨 라이니궁스딘스트

Bis wie viel Uhr kann man den Zimmerservice benutzen?

비스 비 필 우어 칸 만 덴 찜머제르비스 베누첸

Hier ist Ihr Trinkgeld.

히어 이스트 이어 트링크겔트

호텔 프런트에 문의하기
호텔

한국어가 가능한 사람이 있습니까?
Does anyone here speak Korean?

아침식사는 어디에서 먹습니까?
Where do you serve breakfast?

팩스를 보낼 수 있습니까?
Can I send a FAX?

인터넷을 사용하고 싶습니다만.
I'd like to use the internet.

여기에 귀중품을 맡길 수 있습니까?
Can valuables be left here?

숙박을 연장하고 싶은데요.
I'd like to extend my stay here.

셔틀버스는 몇 시부터 있습니까?
From what time is there a shuttle bus?

Gibt es hier jemanden, der Koreanisch spricht?

깁트 에스히어 예만덴   데어 코레아니쉬   슈프리히트

Wo wird das Frühstück serviert?

보   비르트 다스 프뤼슈튁   제르비어트

Kann ich ein Fax verschicken?

칸   이히 아인 팍스   페어쉬켄

Ich würde gerne das Internet benutzen.

이히 뷔르데   게르네 다스 인터넷   베누첸

Kann ich hier Wertgegenstände hinterlegen?

칸   이히 히어   베르트게갠슈탠데   힌터레겐

Ich würde meinen Aufenthalt hier gerne verlängern.

이히 뷔르데   마이넨   아우펜탈트   히어 게르네 페어랭어른

Ab wie viel Uhr fährt der Shuttlebus?

압   비   필   우어 패르트 데어 셔틀부스

호텔 | 호텔에서 문제 해결하기

방에 열쇠를 두고 나왔습니다.
I left the key in my room.

옆방이 너무 시끄러워서 잠을 잘 수가 없습니다.
The room next door is very noisy, so I can't sleep.

에어컨이 작동되지 않습니다.
The air conditiong doesn't work.

방이 더워요.
This room is too hot.

온수가 안 나와요.
The hot water is not running.

화장실이 막혔어요.
The toilet is clogged.

의사 좀 불러 주세요.
Please call a doctor.

Ich habe den Schlüssel in meinem Zimmer vergessen.

이히 하베 덴 슐뤼쎌 인 마이넴 찜머 페어게쎈

Die Leute im Zimmer nebenan sind so laut, dass ich nicht schlafen kann.

디 로이테 임 찜머 네벤안 진트 조 라우트 다스 이히 니히트 슐라펜 칸

Die Klimaanlage funktioniert nicht.

디 클리마안라게 풍크치오니르트 니히트

Dieses Zimmer ist zu warm.

디제스 찜머 이스트 쭈 바름

Es gibt kein warmes Wasser.

에스 깁트 카인 바르메스 바써

Die Toilette ist verstopft.

디 토일레테 이스트 페어슈토프트

Bitte rufen Sie einen Arzt.

비테 루펜 지 아이넨 아르츠트

호텔 체크아웃

체크아웃 하겠습니다.
I'm checking out.

이 청구건을 설명해 주시겠습니까?
Could you explain this charge to me?

지불은 어떻게 하시겠습니까?
How will you pay?

카드로 계산할 수 있습니까?
Can I pay by credit card?

영수증을 주세요.
Can I have a receipt?

3시까지 이 짐을 맡아주시겠습니까?
Could you keep this baggage until three o'clock?

택시 좀 불러 주세요.
Could you get me a taxi, please?

Ich möchte auschecken.
이히 뫼흐테   아우스체켄

Könnten Sie mir diesen Betrag hier erklären?
쾬텐   지   미어디젠   베트락   히어 에어클레렌

Wie möchten Sie bezahlen?
비   뫼흐텐   지   베짤렌

Kann ich mit Kreditkarte bezahlen?
칸   이히 미트 크레딧카르테   베짤렌

Kann ich bitte eine Quittung bekommen?
칸   이히 비테 아이네 크비퉁   베콤멘

Könnten Sie mein Gepäck bis drei Uhr hier aufbewahren?
쾬텐   지 마인 게팩   비스 드라 이우어히어 아우프베봐렌

Könnten Sie mir bitte ein Taxi rufen?
쾬텐   지   미어 비테   아인 탁시 루펜

Chapter 5 식당

예약하기	패스트푸드 주문하기
식당찾기	카페에서 주문하기
메뉴 고르기	술집에서 주문하기
주문하기	식당에서 문제 해결하기
식사하기	계산하기

식당 예약하기

예약을 하고 싶습니다.
I'd like to make a reservation.

전화로 예약했습니다만, 확인 부탁합니다.
I have made a reservation by telephone. I would like a confirmation, please.

몇 분입니까?
For how many, sir?

시간은 몇 시쯤으로 하시겠습니까?
Around what time can you come?

금연석이 좋은데요.
I'd like a non-smoking table.

예약을 취소하고 싶습니다.
Can the reservation be canceled?

거기는 어떻게 갑니까?
How do I get there?

Ich würde gerne einen Tisch reservieren.
이히 뷔르데 게르네 아이넨 티쉬 레저비렌

Ich habe per Telefon reserviert und würde die Reservierung gerne bestätigt haben.
이히 하베 페르 텔레폰 레저비어트 운트 뷔르데 디 레저비룽 게르네 베슈테틱트 하벤

Ein Tisch für wie viele Personen?
아인 티쉬 퓌어 비 필레 페르조넨

Zu um wie viel Uhr möchten Sie reservieren?
쭈 움 비 필 우어 뫼히텐 지 레저비렌

Ich hätte gerne einen Nichtrauchertisch.
이히 해테 게르네 아이넨 니히트라우허티쉬

Ich würde gerne die Reservierung stornieren.
이히 뷔르데 게르네 디 레저비룽 슈토르니렌

Wie komme ich zu Ihnen?
비 콤메 이히쭈 이넨

식당 식당찾기

이 근처에 맛있는 가게가 있습니까?
Are there any good restaurants near by?

여기에서는 가벼운 식사가 됩니까?
Do you serve light meals here?

6명이 들어갈 수 있어요?
Do you have place for six?

죄송합니다만, 지금 만석입니다.
I'm sorry, but we are full now.

얼마나 기다려요?
How long do I have to wait?

자리가 빌 때까지 기다릴게요.
I will wait until a table becomes available.

합석해도 됩니까?
Is a shared table also OK with you?

Gibt es hier in der Nähe irgendwelche guten Restaurants?
깁트 에스 히어인데어 내에 이르갠트밸헤 구텐 레스토랑스

Haben Sie auch Kleinigkeiten?
하벤 지 아우흐 클라이니히카이텐

Haben Sie einen Tisch für sechs?
하벤 지 아이넨 티쉬 퓌어 젝스

Tut mir Leid, aber wir haben grade keine freien Tische.
투트 미어 라이트 아버 비어 하벤 그라데 카이네 프라이엔 티셰

Wie lange wird es ungefähr dauern?
비 랑에 비르트 에스 운게패어 다우어른

Ich warte bis ein Tisch frei wird.
이히 바르테 비스 아인 티쉬 프라이 비르트

Wäre es Ihnen recht sich einen Tisch zu teilen?
배레 에스이넨 레흐트 지히 아이넨 티쉬 쭈 타일렌

식당 — 메뉴 고르기

메뉴를 보여 주세요.
The menu, please.

한국어 메뉴가 있습니까?
Do you have a Korean menu?

추천요리는 무엇입니까?
What do you recommend?

가장 빨리 되는 요리는 뭐가 있죠?
Which is the fastest dish?

이건 어떤 요리죠?
What kind of dish is this?

이것과 저것은 뭐가 다르죠?
How are these two dishes different from each other?

둘이서 넉넉히 먹을 수 있는 양입니까?
Is this dish enough for two?

Die Karte, bitte.
디 카르테 비테

Haben Sie eine Karte auf Koreanisch?
하벤 지 아이네 카르테 아우프 코레아니쉬

Was können Sie empfehlen?
바스 쾬넨 지 앰펠렌

Welches Gericht geht am schnellsten?
밸헤스 게리히트 게트 암 슈넬스텐

Was ist das für ein Gericht?
바스 이스트 다스 퓌어 아인 게리히트

Worin unterscheiden sich diese zwei Gerichte?
보린 운터샤이덴 지히 디제 츠바이 게리히테

Reicht dieses Gericht auch für zwei?
라이히트 디제스 게리히트 아우흐 퓌어 츠바이

식당 주문하기

주문해도 됩니까?
Could you take my order?

아직 결정하지 못했습니다.
I haven't decided yet.

(옆테이블을 가리키며)저것과 같은 것으로 주세요.
I would like the same, please.

(메뉴판을 가리키며)이것 주세요.
I would like this, please.

주문을 바꿔도 되겠습니까?
Could I change my order?

더 필요한 것은 없습니까?
Is there something else you need?

디저트는 나중에 주문하겠습니다.
I will order dessert later.

Könnten Sie meine Bestellung aufnehmen?
쾬텐   지 마이네 베슈텔룽   아우프네멘

Ich habe mich noch nicht entschieden.
이히 하베 미히   너흐 니히트 앤트쉐덴

Ich hätte gerne dasselbe.
이히 해테 게르네 다스젤베

Ich hätte gerne das hier.
이히 해테   게르네 다스 히어

Kann ich meine Bestellung noch ändern?
칸   이히 마이네 베슈텔룽   너흐   앤더른

Brauchen Sie noch etwas anderes?
브라우헨   지   너흐 애트바스 안더레스

Ich werde später noch Nachtisch bestellen.
이히 베르데 슈패터 너흐   나흐티쉬   베슈텔렌

식당 — 식사하기

오래 기다리셨습니다.
I am sorry that you had to wait.

맛있게 드십시오.
Enjoy your meal.

먹는 법을 알려 주세요.
Please tell me how to eat this.

개인접시를 주시겠습니까?
Can I have a separate plate?

접시들 좀 치워 주시겠습니까?
Take this away, please.

아직 먹고 있으니까 치우지 말아 주세요.
I'm still eating, please don't take it away.

더 주시겠어요?
Could I have some more?

Es tut mir Leid, dass Sie warten mussten.
에스 투트 미어 라이트 다스 지 봐르텐 무쓰텐

Guten Appetit.
구텐 아페티트

Bitte zeigen Sie mir, wie man das hier isst.
비트 짜이겐 지 미어 비 만 다스 히어 이스트

Kann ich bitte einen Extrateller haben?
칸 이히 비테 아이넨 액스트라탤러 하벤

Bitte räumen Sie das hier ab.
비테 러이멘 지 다스 히어 압

Bitte räumen Sie noch nicht ab, ich esse noch.
비테 러이멘 지 너흐 니히트 압 이히 애쎄 너흐

Könnte ich noch etwas davon haben?
쾬테 이히 너흐 애트바스 다폰 하벤

식당 — 패스트푸드 주문하기

어서오세요. 여기서 도와 드리겠습니다.
Hello. I will take your order over here.

햄버거 주세요.
A hamburger, please.

쿠폰을 가지고 있습니다.
I have a coupon.

여기서 드시겠습니까?
Are you eating here?

포장해 주세요.
Take out, please.

케첩과 머스터드를 넣어 주세요.
Please give me ketchup and mustard with that.

여기서 먹겠습니다.
I will eat here.

Guten Tag, ich werde Ihre Bestellung an dieser Kasse aufnehmen.
구텐 탁 이히 베르데이레베슈탤룽 안 디저 카쎄 아우프네멘

Bitte einen Hamburger.
비테 아이넨 함부르거

Ich habe einen Coupon.
이히 하베 아이넨 쿠펀

Essen Sie hier?
애쎈 지 히어

Bitte packen Sie das ein.
비테 팍켄 지 다스 아인

Ich hätte gerne Ketchup und Senf.
이히 해테 게르네 캣찹 운트 젠프

Ich werde hier essen.
이히 베르데 히어 애쎈

식당 — 카페에서 주문하기

아이스커피를 부탁합니다.
Ice coffee, please.

설탕과 밀크는 필요합니까?
Do you need sugar and milk?

시럽은 넣습니까?
Did you put syrup in?

커피 더 줄 수 있나요?
Could I have more coffee, please?

콜라 대신 커피로 할 수 있을까요?
Could I have coffee instead of coke?

아이가 마시는 주스는 있어요?
Do you have children's juice?

뜨거운 거랑 차가운 것 어떤 것으로 하겠습니까?
Would you like that hot or cold?

Bitte einen Eiskaffee.
비테 아이넨 아이스카페

Hätten Sie gerne Milch und Zucker?
해텐 지 게르네 밀히 운트 쭈커

Haben Sie Süßmittel hinein getan?
하벤 지 쥐스미텔 히나인 게탄

Könnte ich mehr Kaffee haben?
쾬테 이히 메어 카페 하벤

Könnte ich statt Cola Kaffee bekommen?
쾬테 이히 슈타트 콜라 카페 베콤멘

Haben Sie Saft für Kinder?
하벤 지 자프트 퓌어 킨더

Hätten Sie das lieber heiß oder kalt?
해텐 지 다스 리버 하이쓰오더 칼트

식당 — 술집에서 주문하기

생맥주 주세요.
Could I have draft beer?

맥주가 별로 차갑지 않습니다.
The beer isn't very cold.

무슨 맥주가 있습니까?
What kind of beer do you have?

안주는 무엇으로 하겠습니까?
What will you take for appetizer?

소세지 주세요.
Could I have sausage?

알코올이 들어가지 않은 것 있습니까?
Is there something non-alcoholic?

한 병 더 주세요.
Could I have another bottle?

Ich hätte gerne ein Bier vom Fass.
이히 해테 게르네 아인 비어 폼 파쓰

Das Bier ist nicht sonderlich kalt.
다스 비어 이스트 니히트 존덜리히 칼트

Was für Bier haben Sie?
바스 퓌어 비어 하벤 지

Was haben Sie als Beilagen?
바스 하벤 지 알스 바일라겐

Könnte ich eine Bratwurst bekommen?
쾬테 이히 아이네 브라트부르스트 베콤멘

Haben Sie auch etwas Nichtalkoholisches?
하벤 지 아우흐 애트바스 니히트알코홀리셰스

Ich hätte gerne noch eine Flasche.
이히 해테 게르네 노흐 아이네 플라셰

식당 — 식당에서 문제 해결하기

아직 안 됐나요?
Is it not ready yet?

꽤 오래전에 주문했습니다만.
I ordered a long time ago.

제가 주문한 게 아닌데요.
I didn't order this.

좀더 구워 주시겠습니까?
Could you roast this some more?

바꿔 주시겠습니까?
Could you change this?

스프가 식었는데 데워 주시겠어요?
The soup is cold, could you heat it up again?

음식에 이상한 것이 들어 있어요.
There is something strange in my food.

Ist das Essen noch nicht fertig?
이스트 다스 애쎈   노흐   니히트 페르티히

Ich habe meine Bestellung schon vor längerer Zeit aufgegeben.
이히하베 마이네 베슈탤룽   숀   포어 랭어러 짜이트 아우프게게벤

Das hier habe ich nicht bestellt.
다스 히어 하베   이히 니히트 베슈텔트

Könnten Sie das noch etwas länger braten?
쾬텐   지 다스 노흐 애트바스 랭어   브라텐

Könnten Sie das hier austauschen?
쾬텐   지 다스 히어 아우스타우셴

Die Suppe ist kalt, könnten Sie sie noch mal aufwärmen?
디 주페 이스트 칼트 쾬텐   지 지 노흐 말 아우프배르멘

In meinem Essen ist etwas Seltsames.
인 마이넴   애쎈 이스트 애트바스 젤트자메스

식당 계산하기

계산해 주세요.
The bill please.

전부 얼마입니까?
What is the total?

각자 부담해요.
I'll split the bill.

내가 낼 것은 얼마예요?
How much do I have to pay?

내가 살게요.
I'll invite you.

신용카드는 됩니까?
Do you take creditcards?

계산이 틀린 것 같습니다.
The calculation seems wrong.

Die Rechnung bitte.
디 레흐눙 비테

Wie hoch ist die Rechnung?
비 호흐 이스트 디 레흐눙

Wir zahlen getrennt.
비어 짤렌 게트렌트

Wie viel muss ich bezahlen?
비 필 무스 이히 베짤렌

Ich lade Sie ein.
이히 라데 지 아인

Nehmen Sie auch Kreditkarten?
네멘 지 아우흐 크레딧카르텐

Irgendetwas stimmt mit der Rechnung nicht.
이르겐트애트바스 슈팀트 미트 데어 레흐눙 니히트

Chapter 6 교통

버스 이용하기
전철·지하철 이용하기
택시 이용하기
열차 이용하기
렌터카 이용하기

교통 버스 이용하기

실례합니다만, 버스정류장은 어디입니까?
Excuse me, but where is the bus stop?

돔에 가고 싶은데, 몇 번 버스를 타면 됩니까?
I'd like to go to the Dom, which bus should I take?

요금이 얼마죠?
How much is the fare?

요금은 언제 냅니까?
When do I have to pay?

여기서 내려요.
I'll get off here.

도착하면 알려 주세요.
Please tell me when we are there.

갈아타야 합니까?
Do I have to change trains?

Entschuldigen Sie, wo finde ich die Bushaltestelle?
엔트슐디겐 지 보 핀데 이히 디 부스할테슈탤레

Ich möchte gerne zum Dom. Welchen Bus muss ich nehmen?
이히 뫼흐테 게르네 쭘 돔 밸헨 부스무스 이히네멘

Wie teuer ist die Fahrkarte?
비 터이어 이스트 디 파카르테

Wann muss ich bezahlen?
반 무스 이히 베짤렌

Ich möchte hier aussteigen.
이히 뫼흐테 히어 아우스슈타이겐

Bitte sagen Sie mir Bescheid, wenn wir ankommen.
비테 자겐 지 미어 베샤이트 밴 비어안콤멘

Muss ich umsteigen?
무스 이히 움슈타이겐

교통 — 전철·지하철 이용하기

제일 가까운 전철역은 어디입니까?
Where is the closest station?

노선도를 받을 수 있을까요?
Can I get a route map, please.

표는 어디에서 삽니까?
Where can I buy a ticket?

노이슈반슈타인성에 가려면 어떻게 갑니까?
How do I get to Neuschwanstein Castle?

동쪽 출구가 어디입니까?
Where is the east exit?

여기서 타면 뮌헨 역으로 갑니까?
Is this bus going to the Munich main station?

어디서 갈아탑니까?
Where do I have to change trains?

Wo ist die nächste Haltestelle?
보 이스트 디 내흐스테 할테슈탤레

Ich hätte gerne einen Fahrplan.
이히 해테 게르네 아이넨 파플란

Wo kann ich eine Fahrkarte kaufen?
보 칸 이히 아이네 파카르테 카우펜

Wie komme ich zum Schloss Neuschwanstein?
비 콤메 이히 쭘 슐러쓰 너이슈반슈타인

Wo ist der Ostausgang?
보 이스트 데어 오스트아우스강

Fährt dieser Bus zum Münchener Hauptbahnhof?
패르트디저 부스 쭘 뮌헤너 하우프트반호프

Wo muss ich umsteigen?
보 무스 이히 움슈타이겐

교통 — 택시 이용하기

택시 승차장은 어디입니까?
Where is the taxi stand?

이 근처에서 택시 잡을 수 있어요?
Can I catch a taxi around here?

트렁크 좀 열어 주세요.
Please open the trunk.

어디까지 가세요?
Where to?

(메모를 보여주며) 이 주소로 가 주세요.
To this place here on the map, please.

여기서 세워 주세요.
Please stop here.

여기서 잠시만 기다려 주시겠습니까?
Could you wait here for a moment?

Wo ist der Taxistand?
보 이스트 데어 탁시슈탄트

Kriege ich hier in der Nähe ein Taxi?
크리게 이히 히어 인 데어내에 아인 탁시

Bitte öffnen Sie den Kofferraum.
비테 외프넨 지 덴 코퍼라움

Wo möchten Sie hin?
보 뫼흐텐 지 힌

Bitte fahren Sie mich zu dieser Adresse.
비테 파렌 지 미히 쭈 디저 아드레세

Bitte halten Sie hier an.
비트 할텐 지 히어 안

Könnten Sie hier einen Moment warten?
쾬텐 지 히어 아이넨 모멘트 봐르텐

교통 열차 이용하기

뮌헨행은 몇 번 홈입니까?
Which platform is for Munich?

이 열차는 카셀로 갑니까?
Does this train go to Kassel?

식당차는 있습니까?
Is there a dining car?

표 변경 가능합니까?
Can I change this ticket?

편도 2장 주십시오.
Two one way tickets, please.

흡연석과 금연석 어느 쪽으로 하시겠습니까?
Would you like a smoking seat or a non-smoking seat?

몇 시에 도착합니까?
What time do we arrive?

Auf welchem Bahnsteig hält der Zug nach München?
아우프 밸헴 반슈타이크 핼트 데어 쭉 나흐 뮌헨

Fährt dieser Zug nach Kassel?
패르트 디저 쭉 나흐 카쎌

Gibt es einen Speisewagen?
깁트 에스 아이넨 슈파이제바겐

Kann ich die Fahrkarte umbuchen?
칸 이히 디 파카르테 움부헨

Zwei Fahrkarten, bitte.
츠바이파카르텐 비테

Raucher- oder Nichtraucherabteil?
라우허 오더 니히트라우허압타일

Um wie viel Uhr kommen wir an?
움 비 필 우어 콤멘 비어 안

교통 — 렌터카 이용하기

차를 렌터하고 싶습니다만.
I'd like to rent a car.

어떤 차종으로 하시겠습니까?
What kind of car would you like?

어떤 차가 있습니까?
What kind of cars do you have?

중형차를 빌리고 싶습니다.
I'd like a mid-size car.

국제면허증은 있습니까?
Do you have an international license?

요금에 보험이 포함되어 있습니까?
Does this rate include insurance?

긴급 상황일 때에는 어디로 연락하면 됩니까?
What is the contact number in case of emergency?

Ich würde gerne ein Auto mieten.
이히 뷔르데 게르네 아인 아우토 미텐

Was für ein Auto hätten Sie gerne?
바스 퓌어 아인 아우토 해텐 지 게르네

Was für Autos haben Sie?
바스 퓌어 아우토스 하벤 지

Ich hätte gerne einen Wagen mittlerer Größe.
이히 해테 게르네 아이넨 바겐 미틀러러 그뢰쎄

Haben Sie einen internationalen Führerschein?
하벤 지 아이넨 인터나치오날렌 퓌러샤인

Ist bei diesem Betrag die Versicherung inclusive?
이스트 바이 디젬 베트락 디 페어지혀룽 인클루지베

Wie lautet die Notfallrufnummer?
비 라우테트 디 노트팔루프눔머

Chapter 7 관광

관광 안내소에 문의하기

길 묻는 표현

관광지에서 (1)

관광지에서 (2)

단체관광

사진 촬영하기

관광

관광안내소에 문의하기

관광안내소는 어디입니까?
Where is the tourist information?

무료 관광 지도를 받을 수 있습니까?
Can I have a free tourist map?

재미있는 곳을 추천해 주세요.
Can you recommend any interesting places?

베를린다운 곳을 보려면 어디로 가면 됩니까?
Where can I find a place that is typical for Berlin?

이 근처에 사우나 할 수 있는 곳이 있나요?
Is there a place where I can find a sauna around here?

시내를 한눈에 볼 수 있는 곳이 있습니까?
Is there a place where I can get a view over the city?

젊은이들이 모이는 곳은 어디입니까?
Where do young people usually gather around here?

Wo finde ich das Fremdenverkehrsamt?
보 핀데 이히 다스 프램덴패어케르스암트

Kann ich bitte einen kostenlosen Stadtplan haben?
칸 이히 비테 아이넨 코스텐로젠 슈타트플란 하벤

Können Sie mir einen interessanten Ort empfehlen?
쾬넨 지 미어 아이넨 인터레산텐 오르트 엠펠렌

Wo finde ich einen Ort, der typisch für Berlin ist?
보 핀데 이히 아이넨 오르트 데어 튀피쉬 퓌어 베를린 이스트

Gibt es hier in der Nähe eine Sauna?
깁트 에스 히어인 데어 내에 아이네 사우나

Gibt es hier in der Nähe einen Ort, an dem ich über die Stadt blicken kann?
깁트 에스 히어 인 데어 내에 아이넨 오르트 안 뎀 이히 위버 디 슈타트 블릭켄 칸

Wo gehen die jungen Leute hier gerne hin?
보 게엔 디 융엔 로이테 히어 게르네 힌

관광 — 길 묻는 표현

베를린 장벽은 어떻게 가면 됩니까?
How do I get to the Berlin Wall?

이 거리는 뭐라고 합니까?
What is this street called?

역으로 가는 길을 가르쳐 주세요.
Please tell me the way to the station.

걸어서 갈 수 있어요?
Can I go there by foot?

걸어서 몇 분 정도 걸립니까?
How far is the walking distance?

여기서 가까워요?
Is it near here?

이 길은 쾰른돔으로 가는 길입니까?
Is this way the way to the Cologne Cathedral?

Wie komme ich zur Berliner Mauer?
비 콤메 이히 쭈어 베를리너 마우어

Wie heißt diese Straße?
비 하이스트 디제 슈트라세

Können Sie mir sagen, wie ich zum Bahnhof komme?
쾬넨 지 미어 자겐 비 이히 쭘 반호프 콤메

Kann man dorthin laufen?
칸 만 도르트힌 라우펜

Wie weit ist es zu Fuß?
비 바이트 이스트 에스 쭈 푸스

Ist das hier in der Nähe?
이스트 다스 히어 인 데어 내에

Ist dies der Weg zum Kölner Dom?
이스트 디스 데어 벡 쭘 쾰른어 돔

관광 관광지에서 (1)

입장권은 어디에서 팝니까?
Where can I buy admission tickets?

학생할인은 안 됩니까?
Is there a student discount?

단체할인 됩니까?
Is there a group discount?

이거 무슨 줄입니까?
What line is this?

어느 정도 기다려야 합니까?
How long do I have to wait?

셔틀버스는 몇 분 간격으로 있습니까?
How many minutes are the shuttle busses apart?

안에 들어갈 수 있습니까?
Can I enter?

Wo kann ich Eintrittskarten kaufen?
보 칸   이히 아인트리츠카르텐 카우펜

Gibt es einen Studentenrabatt?
깁트   에스 아이넨 슈투덴텐라밭

Gibt es einen Gruppenrabatt?
깁트   에스 아이넨 그루펜라밭

Welche Schlange ist das hier?
벨헤   슐랑에   이스트 다스 히어

Wie lange muss ich warten?
비   랑에   무스   이히 바르텐

In welchen Zeitabständen fahren die Shuttlebusse?
인 밸헨   짜이트압슈탠덴   파렌   디 셔틀부쎄

Darf ich hinein gehen?
다르프 이히 힌아인   게엔

관광지에서 (2)

관내에서 사진을 찍어도 됩니까?
Can I take a picture from the inside of the building?

이 공원에 대해 설명해 주시겠습니까?
Could you tell me more about this park?

휴관일은 언제입니까?
On which day of the week is this place closed?

이 교회는 언제 만들어졌습니까?
When was this church built?

선물은 어디에서 팝니까?
Where can I find the souvenirs?

마사지 받을 수 있는 곳은 어디입니까?
Where can I get a massage?

엽서는 어디에서 살 수 있어요?
Where can I find postcards?

Kann ich innerhalb des Gebäudes ein Foto machen?
칸　　이히 인너할프　데스 게버이데스　아인 포토 마헨

Können Sie mir mehr über diesen Park erzählen?
쾬넨　　지 미어 메어　위버 디젠　파크　애어짤렌

An welchem Wochentag ist geschlossen?
안 밸헴　　보헨탁　　이스트 게슐러쎈

Wann wurde diese Kirche gebaut?
반　　부르데 디제 키르헤 게바우트

Wo kann ich Souvenirs kaufen?
보　칸　이히 주버니르스 카우펜

Wo kann ich eine Massage kriegen?
보　칸　이히 아이네 마사쥐　크리겐

Wo kann ich Postkarten kaufen?
보　칸　이히 포스트카르텐 카우펜

관광 — 단체관광

시내 단체관광에 참가하고 싶은데요.
I'd like to take a group excursion of the city.

어떤 관광 코스가 있습니까?
What kind of sightseeing courses do you have?

놀이공원에 가는 투어는 있습니까?
Do you have a tour to an amusement park?

일정은 어떻게 됩니까?
How is the schedule?

한 사람당 얼마입니까?
How much is it per person?

여기서 등록이 가능합니까?
Is it possible to receive here?

어디서 출발합니까?
Where will the tour leave?

Ich würde gerne an einer Gruppenstadtführung teilnehmen.
이히 뷔르데 게르네 안 아이너 그루펜슈타트퓌룽 타일네멘

Was für Stadtführungen haben Sie?
바스 퓌어 슈타트퓌룽엔 하벤 지

Haben Sie eine Tour in einen Vergnügungspark?
하벤 지 아이네 투어 인 아이엔 페어그뉘궁스파크

Wie lautet der Zeitplan?
비 라우테트 데어 짜이트플란

Wie viel kostet es pro Person?
비 필 코스테트 에스 프로 페르존

Kann ich die Tour hier buchen?
칸 이히 디 투어 히어 부헨

Wann geht die Tour los?
반 게트 디 투어 로스

관광 — 사진 촬영하기

사진 좀 찍어 주시겠어요?
Could you take a picture of me?

이 버튼 누르시면 됩니다.
Press this button.

같이 찍어도 될까요?
Can we take a picture together?

한 장 더 부탁합니다.
Once more, please.

여기서 사진을 찍어도 됩니까?
Can I take pictures here?

저 박물관을 배경으로 찍어 주세요.
Can you please take a picture of me with the museum in the background?

여기는 사진촬영금지입니다.
It is prohibited to take pictures here.

Könnten Sie ein Foto von mir machen?

쾬텐 지 아인 포토 폰 미어 마헨

Drücken Sie auf diesen Knopf.

드뤼켄 지 아우프 디젠 크너프

Können wir zusammen ein Foto machen?

쾬넨 비어 쭈잠멘 아인 포토 마헨

Bitte noch einmal.

비테 노흐 아인말

Darf ich hier Bilder machen?

다르프 이히 히어 빌더 마헨

Könnten Sie ein Foto von mir mit dem Museum im Hintergrund machen?

쾬텐 지 아인 포토 폰 미어 미트 뎀 무제움 임 힌터그룬트 마헨

Es ist verboten hier Fotos zu machen.

에스 이스트 페어보텐 히어 포토스 쭈 마헨

Chapter 8 쇼핑

쇼핑 관련 표현	전자상가 이용하기
가격 흥정	의류매장 이용하기
계산하기	서점 이용하기
백화점 이용하기	교환 및 환불하기

쇼핑 쇼핑 관련 표현

쇼핑가는 어디입니까?
Where is the shopping area?

무엇을 찾고 계십니까?
What are you looking for?

샤넬 매장은 어디입니까?
Where is the CHANEL store?

가방을 사고 싶은데요.
I'd like to buy a bag.

이것은 어디에서 살 수 있습니까?
Where can I buy this?

잠깐 구경하는 겁니다.
I was just looking around a little.

저것 좀 보여 주세요.
Could you show me that?

Wo ist der Einkaufsbereich?

보 이스트 데어 아인카읍스베라이히

Wonach suchen Sie?

보나흐 주헨 지

Wo ist der CHANEL-Laden?

보 이스트 데어 샤넬 라덴

Ich würde gerne eine Tasche kaufen.

이히 뷔르데 게르네 아이네 타셰 카우펜

Wo kann ich das hier kaufen?

보 칸 이히 다스 히어 카우펜

Ich habe mich nur etwas umgeschaut.

이히 하베 미히 누어 애트바스 움게샤우트

Könnten Sie mir das da zeigen?

쾬텐 지 미어 다스 다 짜이겐

쇼핑 — 가격 흥정

세일은 하고 있습니까?
Are you having a sale now?

이것은 얼마입니까?
How much is this?

너무 비쌉니다.
It's too expensive.

더 싼 것은 없습니까?
Is there something less expensive?

깎아 주세요.
Can you give me a discount?

깎아 주면 사겠습니다.
I will buy it, if you give me a discount.

현금으로 계산하면 쌉니까?
Will it be cheaper if I pay cash?

Haben Sie gerade einen Ausverkauf?
하벤   지 게라데   아이넨 아우스패어카우프

Wie teuer ist das?
비   터이어 이스트 다스

Das ist zu teuer.
다스 이스트 쭈 터이어

Gibt es etwas Billigeres?
깁트 에스 애트바스 빌리거레스

Können Sie mir einen Preisnachlass geben?
쾬넨   지 미어 아이넨 프라이스나흘라스 게벤

Wenn Sie mir einen Preisnachlass geben, kaufe ich es.
벤   지 미어 아이넨 프라이스나흘라스 게벤   카우페 이히 에스

Ist es günstiger, wenn ich mit Bargeld bezahle?
이스트 에스 귄스티거 벤   이히 미트 바겔트   베짤레

쇼핑 — 계산하기

계산은 어디서 합니까?
Where can I pay?

카드로 됩니까?
Can I pay with credit card?

선물용으로 포장해 주시겠습니까?
Can you wrap this as a gift?

전부 합해서 얼마입니까?
How much is it altogether?

아직 거스름돈을 받지 않았습니다.
You haven't given me the change yet.

영수증을 주시겠어요?
Can I have a receipt?

계산이 잘못된 것 같은데요.
I think that the sum is wrong.

Wo kann ich bezahlen?
보 칸 이히 베짤렌

Kann ich mit Kreditkarte bezahlen?
칸 이히 미트 크레딧카르테 베짤렌

Könnten Sie das als Geschenk einpacken?
쾬텐 지 다스 알스 게솅크 아인파켄

Wie teuer ist alles zusammen?
비 터이어 이스트 알래스 쭈잠멘

Sie haben mir das Wechselgeld noch nicht gegeben.
지 하벤 미어 다스 백쎌겔트 노흐 니히트 게게벤

Kann ich bitte eine Quittung haben?
칸 이히 비테 아이네 크비퉁 하벤

Ich glaube, die Summe stimmt nicht.
이히 글라우베 디 줌메 슈팀트 니히트

쇼핑 — 백화점 이용하기

이 근처에 백화점은 어디에 있습니까?
Where can I find a department store in this neighborhood?

지금 유행하고 있는 건 어느 것인가요?
Which one sells the best these days?

향수 3개 주세요.
Please give me three bottles of that perfume.

소비세 포함입니까?
Does this include tax?

예. 여기 영수증과 거스름돈입니다.
Yes. Here is your receipt and the change.

따로 따로 포장해 주시겠습니까?
Could you wrap this separately?

화장품 코너는 어디에 있나요?
Where is the cosmetics department?

Wo kann ich in dieser Gegend ein Kaufhaus finden?
보 칸 이히 인 디저 게겐트 아인 카우프하우스 핀덴

Welches davon ist zur Zeit in Mode?
벨헤스 다폰 이스트 쭈어 짜이트 인 모데

Bitte geben Sie mir drei Flaschen von dem Parfum.
비테 게벤 지 미어 드라이 플라셴 폰 뎀 파르퓜

Ist der Preis inklusive Steuern?
이스트 데어 프라이스 인클루지베 슈토이어른

Ja. Hier ist Ihre Quittung und das Wechselgeld.
야 히어 이스트 이레 크비퉁 운트 다스 벡쎌겔트

Könnten Sie das hier separat einpacken?
쾬텐 지 다스 히어 제파라트 아인파켄

Wo finde ich die Kosmetikabteilung?
보 핀데 이히 디 코스메틱압타일룽

쇼핑 — 전자상가 이용하기

디지털 카메라는 어디 있나요?
Where can I find digital cameras?

좀더 성능이 좋은 것은 없습니까?
Is there something that scored better test results?

사용법을 알려 주세요.
Please tell me how to use this.

포인트 카드를 만들고 싶은데요.
I'd like to get a bonus points card.

이것은 한국에서 사용할 수 있습니까?
Can I also use this in Korea?

프리볼트 제품은 있습니까?
Do you have anything that has no voltage limitation?

한국에서 애프터서비스를 받을 수 있습니까?
Do you have an after-sales service in Korea?

Wo finde ich Digitalkameras?
보 핀데 이히 디기탈카메라스

Gibt es etwas mit besseren Testergebnissen?
깁트 에스 애트바스 미트 베쎄렌 테스트애어겝니쎈

Bitte zeigen Sie mir, wie man das benutzt.
비테 짜이겐 지 미어 비 만 다스 베누츠트

Ich hätte gerne eine Punktekarte.
이히 해테 게르네 아이네 풍크테카르테

Kann ich das auch in Korea benutzen?
칸 이히 다스 아우흐 인 코레아 베누첸

Haben Sie etwas ohne Spannungsbeschränkung?
하벤 지 애트바스 오네 슈판눙스베슈랭쿵

Haben Sie einen Garantieservice in Korea?
하벤 지 아이넨 가란티제르비스 인 코레아

쇼핑 — 의류매장 이용하기

입어 봐도 됩니까?
Can I try it on?

다른 스타일을 보여 주세요.
Please show me something with a different style.

좀 끼이네요. / 좀 크네요.
It's a little tight. / It's a little big.

너무 작아요. / 너무 커요.
Too small. / Too big.

너무 길어요 / 너무 짧아요.
Too long./ Too short.

저한테 어울립니까?
Does this look good on me?

사이즈 수선은 됩니까?
Can the size be adjusted?

Kann ich das anprobieren?

칸　　이히 다스 안프로비렌

Bitte zeigen Sie mir etwas in einem anderen Stil.

비테　짜이겐　지　미어 애트바스 인 아이넴　안더렌　　슈틸

Ist das nicht etwas eng? / Ist das nicht etwas groß?

이스트 다스 니히트　애트바스 엥　 / 이스트 다스 니히트 애트바스 그로쓰

Das ist zu klein. / Das ist zu groß.

다스 이스트 쭈 클라인 /　다스　이스트 쭈　그로쓰

Das ist zu lang. / Das ist zu kurz.

다스 이스트 쭈 랑　 /　다스 이스트 쭈 쿠르츠

Steht mir das?

슈테트　미어 다스

Kann man die Größe ändern lassen?

칸　　만　 디 그뢰쎄　앤더른　라쎈

쇼핑 — 서점 이용하기

책을 찾고 있는데요.
I'm looking for a book.

소설은 어디 있나요?
Where do I find novels?

작가 이름은 무엇입니까?
Do you know the authors name?

베스트 셀러는 무엇입니까?
I am looking for a bestseller.

커버를 씌워 드릴까요?
Do you want a dust cover for the book?

봉투에 넣어 주세요.
Please put it in a bag.

공짜 책갈피도 있어요?
Do you have free bookmarks?

Ich suche ein Buch.
이히 주헤 아인 부흐

Wo finde ich Romane?
보 핀데 이히 로마네

Wissen Sie den Namen des Autors?
비쎈 지 덴 나멘 데스 아우토르스

Ich suche nach einen Bestseller.
이히 주헤 나흐 아이넨 베스트셀러

Brauchen Sie einen Schutzumschlag für das Buch?
브라우헨 지 아이넨 슈츠움슐락 퓌어 다스 부흐

Bitte packen Sie es ein.
비테 팍켄 지 에스 아인

Haben Sie kostenlose Lesezeichen?
하벤 지 코스텐로제 레제짜이헨

쇼핑 — 교환 및 환불하기

이것을 반품할 수 있습니까?
I'd like to return this.

치수 좀 바꿔 주세요.
Can I get another size?

버튼이 떨어져 있었어요.
A button fell off.

찢어져 있었어요.
It was already torn.

얼룩이 묻어 있어요.
There is a stain.

영수증은 가지고 왔습니까?
Did you bring the receipt?

재고품이 들어오면 연락 드릴게요.
I'll contact you when we get stocked up.

Ich würde das hier gerne zurückgeben.

이히 뷔르데 다스 히어 게르네 쭈뤽게벤

Ich hätte gerne eine andere Größe.

이히 해테 게르네 아이네 안더레 그뢰쎄

Ein Knopf ist abgegangen.

아인 크너프 이스트 압게강엔

Das war bereits kaputt.

다스 바 베라이츠 카풋

Hier ist ein Fleck.

히어 이스트 아인 플렉

Haben Sie die Quittung dabei?

하벤 지 디 크비퉁 다바이

Ich sage Ihnen Bescheid, wenn wir neue Ware bekommen.

이히 자게 이넨 베샤이트 벤 비어 너이에 바레 베콤멘

Chapter 9 공공시설

전화 이용하기 (1)
전화 이용하기 (2)
우체국 이용하기
은행 이용하기

공공시설 전화 이용하기 (1)

이 근처에 공중전화는 있어요?
Is there a public telephone around here?

전화카드는 어디에서 살 수 있나요?
Where can I buy a telephone card?

전화카드 30유로짜리를 주세요.
Please give me phone card for 30 Euro.

국제전화가 가능한 공중전화는 어디 있습니까?
Where can I find a public telephone which I can use to make an international call?

한국으로 전화를 걸고 싶은데요.
I'd like to call Korea.

이 전화로 국제전화는 됩니까?
Can I make an international call from this telephone?

이 전화를 빌려도 될까요?
Can I borrow this telephone?

Gibt es hier in der Nähe ein öffentliches Telefon?
깁트 에스 히어 인 데어내에   아인 외팬틀리헤스 텔레폰

Wo kann ich eine Telefonkarte kaufen?
보 칸   이히 아이네 텔레폰카르테   카우펜

Bitte geben Sie mir eine Telefonkarte für dreißig Euro.
비테 게벤   지 미어 아이네 텔레폰카르테 퓌어 드라이씨히 어이로

Wo finde ich ein öffentliches Telefon, mit dem ich ins Ausland telefonieren kann?
보 핀데 이히 아인 외팬틀리헤스 텔레폰 미트 뎀 이히 인스 아우슬란트 텔레포니렌 칸

Ich würde gerne nach Korea telefonieren.
이히뷔르데 게르네 나흐   코레아 텔레포니렌

Kann ich von diesem Telefon aus ins Ausland telefonieren?
칸   이히 폰 디젬   텔레폰 아우스 인스 아우슬란트 텔레포니렌

Darf ich mir dieses Telefon kurz ausleihen?
다르프 이히 미어 디제스   텔레폰   쿠르츠 아우슬라이엔

공공시설 — 전화 이용하기(2)

마이어 씨 부탁합니다. (바꿔 주세요)
Mr. Meier, please.

지금 자리에 안 계십니다만.
He isn't at his desk right now.

언제 돌아옵니까?
When does he return?

메모 좀 남기고 싶은데요.
I'd like to leave a memo.

전화 부탁한다고 전해 주세요.
Please tell him to give me a call.

다음에 다시 걸겠습니다.
I'll call you again later.

미안합니다. 잘못 걸었습니다.
Excuse me, but I dialed the wrong number.

Bitte Herrn Meier.
비테 헤른 마이어

Er ist zur Zeit nicht an seinem Platz.
에어 이스트 쭈어 짜이트 니히트 안 자이넴 플라츠

Wann kommt er zurück?
반 컴트 에어 쭈륔

Ich würde ihm gerne eine Nachricht hinterlassen.
이히 뷔르데 임 게르네 아이네 나흐리히트 힌털라쎈

Bitte sagen Sie ihm, dass er mich anrufen soll.
비테 자겐 지 임 다스 에어 미히 안루펜 졸

Ich rufe Sie später zurück.
이히 루페 지 슈패터 쭈륔

Entschuldigung, ich habe mich verwählt.
엔트슐디궁 이히 하베 미히 패어밸트

공공시설 우체국 이용하기

우체국은 어디에 있습니까?
Where can I find a post office?

등기를 보내는 창구는 몇 번입니까?
Where do I have to go to send registered mail?

서울까지 이것을 보내고 싶은데요.
I'd like to send this to Seoul.

항공편입니까? 배편입니까?
Is it airmail or surface mail?

항공편으로 부탁합니다.
By airmail, please.

내용물은 무엇입니까?
What are the contents?

서류입니다.
It's documents.

Wo ist das nächste Postamt?
보 이스트 다스 내히스테 포스트암트

An welchem Schalter kann ich ein Einschreiben aufgeben?
안 밸헴 샬터 칸 이히 아인 아인슈라이벤 아웁게벤

Ich würde das hier gerne nach Seoul schicken.
이히 뷔르데 다스 히어 게르네 나흐 서울 쉭켄

Ist das Luftpost oder über Land?
이스트 다스 루프트포스트 오더 위버 란트

Bitte per Luftpost.
비테 페르 루프트포스트

Woraus besteht der Inhalt?
보라우스 베슈테트 데어 인할트

Es sind Papiere.
에스 진트 파피레

공공시설 은행 이용하기

은행을 찾고 있는데요.
I'm looking for a bank.

여기에서 환전할 수 있습니까?
Can I exchange money here?

유로로 바꾸고 싶은데요.
Could you exchange this into Euro?

환전창구는 어디입니까?
Where is the money exchange desk?

여권을 보여 주시겠습니까?
Could you show me your passport?

이 서류에 기입해 주세요.
Please fill out this form.

현금자동지급기는 어디에 있습니까?
Where can I find an ATM?

Ich suche nach einer Bank.

이히 주헤 나흐 아이너 방크

Kann ich hier Geld umtauschen?

칸   이히 히어 겔트 움타우셴

Ich möchte das hier in Euro umtauschen.

이히 뫼흐테   다스 히어 인 어이로 움타우셴

Wo ist der Wechselschalter?

보 이스트 데어 벡쎌샬터

Könnten Sie mir Ihren Pass zeigen?

쾬텐   지 미어 이렌 파스 짜이겐

Bitte füllen Sie dieses Formular aus.

비테 퓔렌   지 디제스 포르물라   아우스

Wo finde ich einen Geldautomaten?

보   핀데 이히 아이넨 겔트아우토마텐

Chapter 10 긴급상황

분실 및 도난 사고

교통사고

건강 이상 (1)

건강 이상 (2)

건강 이상 (3)

긴급상황 분실 및 도난 사고

여권을 잃어 버렸습니다.
I lost my passport.

어디서 잃어 버렸는지 모르겠어요.
I don't know where I lost it.

도난증명서를 써 주십시오.
I would like to report a theft.

한국대사관에 가서 재발급 받으세요.
Please go to Korea embassy and have it reissued.

지갑을 잃어 버렸습니다.
I lost my purse.

경찰에 신고하세요.
Please report it to the police.

카드는 바로 은행에 신고해 주세요.
Please report your lost card to the bank right away.

Ich habe meinen Pass verloren.
이히 하베 마이넨 파스 패어로렌

Ich weiß nicht, wo ich ihn verloren habe.
이히 바이스 니히트 보 이히 인 패어로렌 하베

Ich würde gerne einen Diebstahl melden.
이히 뷔르데 게르네 아이넨 딥슈탈 멜덴

Bitte gehen Sie zur koreanischen Botschaft und lassen sich einen neuen ausstellen.
비테 게엔지 쭈어 코레아니셴 보트샤프트 운트 라쎈 지히 아이넨 노이엔 아우스슈텔렌

Ich habe meine Brieftasche verloren.
이히 하베 마이네 브리프타셰 페어로렌

Bitte erstatten Sie bei der Polizei Anzeige.
비테 에어슈타텐 지 바이 데어 폴리차이 안짜이게

Bitte melden Sie Ihre verlorene Kreditkarte sofort bei der Bank.
비테 멜덴 지 이레 페어로레네 크레딧카르테 조포르트 바이 데어 방크

긴급상황 교통사고

도와 주세요.
Please help me.

괜찮으세요?
Are you okay?

자동차에 치였습니다.
I was hit by a car.

차와 충돌했어요.
I collided with another car.

다쳤어요.
I am injured.

구급차를 불러 주세요.
Please call an ambulance.

경찰을 불러 주세요.
Please call the police.

Bitte helfen Sie mir.
비테 헬펜 지 미어

Geht es Ihnen gut?
게트 에스 이넨 굳

Ich wurde von einem Auto angefahren.
이히 부르데 펀 아이넴 아우토 안게파렌

Ich bin mit einem anderen Auto zusammen gestoßen.
이히 빈 미트 아이넴 안더렌 아우토 쭈잠멘 게슈토쎈

Ich bin verletzt.
이히 빈 패어래츠트

Bitte rufen Sie einen Rettungswagen.
비테 루펜 지 아이넨 레퉁스바겐

Bitte rufen Sie die Polizei.
비테 루펜 지 디 폴리차이

긴급상황 건강 이상 (1)

배가 아픕니다.
I have a stomachache.

출혈이 안 멈춰요.
The bleeding doesn't stop.

발목을 삐었어요.
I sprained my ankle.

다리에 쥐가 났어요.
I have a cramp in my leg.

이가 아파요.
I have a toothache.

머리가 아파요.
I have a headache.

가려워요.
It itches.

Ich habe Bauchschmerzen.
이히 하베 바우흐슈메르첸

Die Blutung hört nicht auf.
디 블루퉁 회르트 니히트 아우프

Ich habe mir den Knöchel verstaucht.
이히 하베 미어 덴 크뇌헬 패어슈타우흐트

Ich habe einen Krampf im Bein.
이히 하베 아이넨 크람프 임 바인

Ich habe Zahnschmerzen.
이히 하베 짠슈메르첸

Ich habe Kopfschmerzen.
이히 하베 커프슈메르첸

Es juckt.
에스 유크트

긴급상황 건강 이상 (2)

설사가 심합니다.
I have severe diarrhea.

눈에 뭐가 들어갔어요.
I have something in my eye.

어지러워요.
I feel dizzy.

두드러기가 심해요.
I have severe hives.

속이 메슥거려요.
I feel sick in the stomach.

토할 것 같아요.
I have nausea.

화상을 입었어요.
I got burned.

Ich habe starken Durchfall.

이히 하베 슈타르켄 두르흐팔

Ich habe etwas im Auge.

이히 하베 애트바스 임 아우게

Mir ist schwindelig.

미어 이스트 슈빈들리히

Ich habe starken Ausschlag.

이히 하베 슈타르켄 아우스슐락

Mir ist schlecht.

미어 이스트 슐래흐트

Ich glaube, ich muss mich übergeben.

이히 글라우베 이히 무스 미히 위버게벤

Ich habe mich verbrannt.

이히 하베 미히 페어브란트

긴급상황 건강 이상 (3)

이 근처에 병원이 있습니까?
Is there a hospital close by?

가장 가까운 병원으로 가 주세요.
To the nearest hospital, please.

한국어를 할 수 있는 분이 있습니까?
Is there someone who can speak Korean?

진단서를 써 주세요.
Can I please have a written diagnosis?

이 처방전을 가지고 약국에 가세요.
Please go to a pharmacy with this prescription.

이 처방전의 약을 주세요.
Can I have medicine for this prescription?

하루에 몇 번 먹으면 됩니까?
How many times a day should I take this medicine?

Gibt es hier in der Nähe ein Krankenhaus?
깁트 에스 히어 인 데어 내에   아인 크랑켄하우스

Bitte fahren Sie mich zum nächsten Krankenhaus.
비테 파렌   지   미히 쭘   내흐스텐 크랑켄하우스

Gibt es hier jemanden, der Koreanisch sprechen kann?
깁트 에스 히어 예만덴   데어 코레아니쉬 슈프래헨 칸

Könnte ich bitte eine schriftliche Diagnose haben?
쾬테   이히 비테 아이네 슈리프틀리헤 디아그노제   하벤

Bitte gehen Sie mit diesem Rezept zur Apotheke.
비테 게엔   지   미트 디젬   레쳅트   쭈어 아포테케

Ich hätte gerne die Medikamente auf diesem Rezept.
이히 해테 게르네 디 메디카멘테   아우프 디젬   레쳅트

Wie oft am Tag sollte ich diese Medizin einnehmen?
비 어프트 암 탁   졸테 이히 디제   메디찐   아인네멘

Chapter 11 귀국

항공권 예약 및 변경

공항에서 출국 수속

전송 나온 사람이 있을 때

결항 · 연착 및 비행기를 놓쳤을 때

귀국 항공권 예약 및 변경

예약을 확인하고 싶은데요.
I'd like to confirm my reservation.

이름과 출발날짜를 말씀해 주십시오.
Please give me the day of departure and your name.

서울로 가는 KAL906편입니까?
This is KAL flight 906 for Seoul, isn't it?

창가쪽 자리로 부탁합니다.
A window seat, please.

예약 확인되었습니다.
Your reservation has been confirmed.

출발시간을 확인하고 싶은데요.
I'd like to confirm the departure time.

출발시간 변경이 가능합니까?
Is it possible to change the departure time?

Ich würde gerne meine Reservierung bestätigen lassen.
이히 뷔르데 게르네 마이네 레저비룽 베슈태티겐 라쎈

Bitte nennen Sie mir Ihr Abflugsdatum und die Zeit.
비테 네넨 지 미어 이어 압플룩스다툼 운트 디 짜이트

Dies ist der Flug KAL 906 nach Seoul, oder?
디스 이스트 데어 플룩 카아엘 너인눌젝스 나흐 서울 오더

Bitte einen Platz am Fenster.
비테 아이넨 플라츠 암 팬스터

Ihre Reservierung wurde bestätigt.
이레 레저비룽 부르데 베슈태틱트

Ich würde gerne die Abflugszeit bestätigen.
이히 뷔르데 게르네 디 압플룩스짜이트 베슈태티겐

Ist es möglich die Abflugszeit zu ändern?
이스트 에스 뫽글리히 디 압플룩스짜이트 쭈 앤더른

귀국 공항에서 출국 수속

대한항공 카운터는 어디입니까?
Where is the counter of Korean Air?

항공권과 여권을 보여 주세요.
Please show me your airline ticket and passport.

부칠 짐은 이곳에 올려 주세요.
Please put the baggage you want to check in here.

짐은 이것뿐입니까?
Is the the only baggage?

이 태그를 붙여 주세요.
Please attach this tag.

이 가방은 기내에 들고 갑니다.
This is the bag I want to take aboard.

탑승 게이트는 몇 번입니까?
What number is the boarding gate?

Wo ist der Schalter der Korean Air?

보 이스트 데어 샬터   데어 코리안   애어

Bitte zeigen Sie mir Ihr Flugticket und Ihren Pass.

비테 짜이겐 지 미어 이어 플룩티켓   운트 이렌 파스

Bitte stellen Sie das Gepäck, das Sie einchecken wollen, hier hin.

비테 슈탤렌 지 다스 게팩   다스 지 아인첵켄   볼렌   히어 힌

Ist dies Ihr einziges Gepäck?

이스트 디스 이어 아인찌게스   게팩

Bitte bringen Sie diesen Aufkleber an.

비테 브링엔   지   디젠   아우프클래버 안

Dies ist mein Handgepäck.

디스 이스트 마인   한트게팩

Wie lautet die Nummer des Gates?

비   라우테트 디 눔머   데스 게이츠

193

귀국 전송 나온 사람이 있을 때

정말 신세 많이 졌습니다.
That was very kind.

아니요, 천만에요.
No, you're welcome.

덕분에 매우 즐거웠습니다.
Thanks to you, I had a great time.

한국에도 놀러 오세요.
Please also come and visit me in Korea.

사진도 보낼게요.
I will send you the pictures.

한국 여행은 제게 맡겨 주십시오.
I will take care of your travel arrangements in Korea.

그럼 건강하세요. 안녕히 계세요.
Take care. Good-bye.

Das war sehr freundlich.
다스 바 제어 프러인틀리히

Nein, das war doch gern geschehen.
나인 다스 바 더흐 게른 게셰엔

Dank Ihnen hatte ich eine schöne Zeit.
당크 이넨 하테 이히 아이네 쇠네 짜이트

Bitte besuchen Sie mich in Korea.
비테 베주헨 지 미히 인 코레아

Ich werde Ihnen die Fotos schicken.
이히 베르데 이넨 디 포토스 쉭켄

Ich werde mich um Ihre Reise nach Korea kümmern.
이히 베르데 미히 움 이레 라이제 나흐 코레아 큄머른

Machen Sie es gut. Auf Wiedersehen.
마헨 지 에스 굳 아우프 비더젠

귀국 — 결항 · 연착 및 비행기를 놓쳤을 때

서울행 비행기를 놓쳤습니다만.
I missed my flight for Seoul.

서울행 다음 비행기는 언제 출발합니까?
When is the next flight for Seoul departing?

왜 결항이 되었습니까?
Why was it delayed?

어느 정도 기다리면 됩니까?
How long do I have to wait?

어느 정도 늦어집니까?
How much will it be delayed?

몇 시에 탑승이 가능합니까?
What time can I board?

바로 탑승해 주세요.
Please board immediately.

Ich habe meinen Flug nach Seoul verpasst.

이히 하베 마이넨 플룩 나흐 서울 페어파스트

Wann geht der nächste Flug nach Seoul?

반 게트 데어 내흐스테 플룩 나흐 서울

Warum haben wir Verspätung?

바룸 하벤 비어 페어슈패퉁

Wie lange muss ich warten?

비 랑에 무스 이히 바르텐

Wie lang wird die Verspätung sein?

비 랑 비르트 디 페어슈패퉁 자인

Um wie viel Uhr kann ich boarden?

움 비 필 우어 칸 이히 버아덴

Bitte boarden Sie unverzüglich.

비테 버아덴 지 운페어쮜클리히

Memo

Memo

Memo